D1752577

Alexander Jesch

GASTLICHES THÜRINGEN

Hainleite · Kyffhäuser · Hohe Schrecke

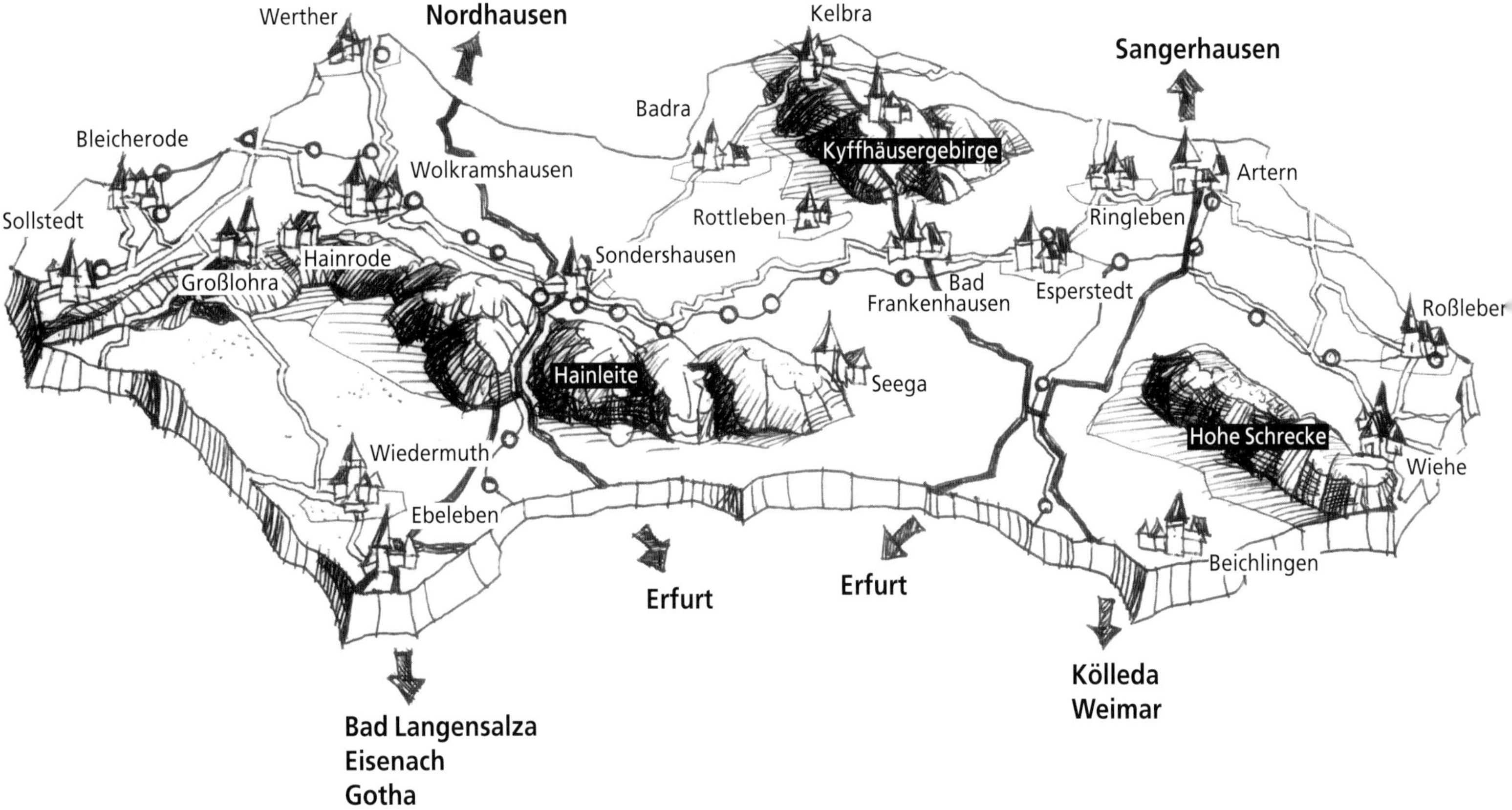
Werther
Nordhausen
Kelbra
Sangerhausen
Badra
Kyffhäusergebirge
Bleicherode
Wolkramshausen
Artern
Sollstedt
Rottleben
Ringleben
Hainrode
Sondershausen
Großlohra
Bad
Frankenhausen
Esperstedt
Roßleben
Hainleite
Seega
Hohe Schrecke
Wiedermuth
Wiehe
Ebeleben
Beichlingen
Erfurt
Erfurt
Kölleda
Weimar
Bad Langensalza
Eisenach
Gotha

Alexander Jesch

GASTLICHES THÜRINGEN
Hainleite · Kyffhäuser · Hohe Schrecke

Geschichte   Geschichten   Landschaft

Fotos: Marcel Krummrich
Illustrationen: Gabi Bruckmann

VHT

VERLAGSHAUS THÜRINGEN

VORWORT

Der alte Barbarossa –
der Kaiser Friederich,
im unterird'schen Schlosse –
hält er verzaubert sich.
Er ist niemals gestorben –
er lebt darin noch jetzt;
er hat im Schloß verborgen –
zum Schlaf sich hingesetzt ...

Die SAGE vom Kaiser Friedrich, der sich im Kyffhäuserberg verborgen hält, und das schon so lange, daß sein Bart durch den Tisch gewachsen ist, der alle hundert Jahre fragt, ob die Raben noch den Berg umfliegen, diese Mär war früher in jedem guten deutschen Schulbuch zu finden.
Genau in dieses Gebiet möchte ich Sie, lieber Leser, führen. Allerdings ist hier nicht vom Kyffhäuser allein die Rede.
Man könnte meinen, sie seien Geschwister, diese Höhenzüge, die sich wie eine Schwelle zwischen Thüringer Becken und Harz erheben.
Der Kyffhäuser könnte der große Bruder sein, flankiert von zwei lieblichen Schwestern, der Hainleite und der Hohen Schrecke.
Kommt man von Süden her aus der Erfurter Gegend in Richtung Harz, wird man auf jeden Fall mit einem der drei Höhenzüge Bekanntschaft machen. Im Westen erstreckt sich die Hainleite. Sie verläuft südlich von Bad Frankenhausen bis in die Gegend von Bleicherode, und das Flüsschen Wipper begleitet sie im Norden bis zu ihren Ausläufern im Osten. Die Erhebungen der Hainleite steigen immerhin weit über 400 m ü.NN an. 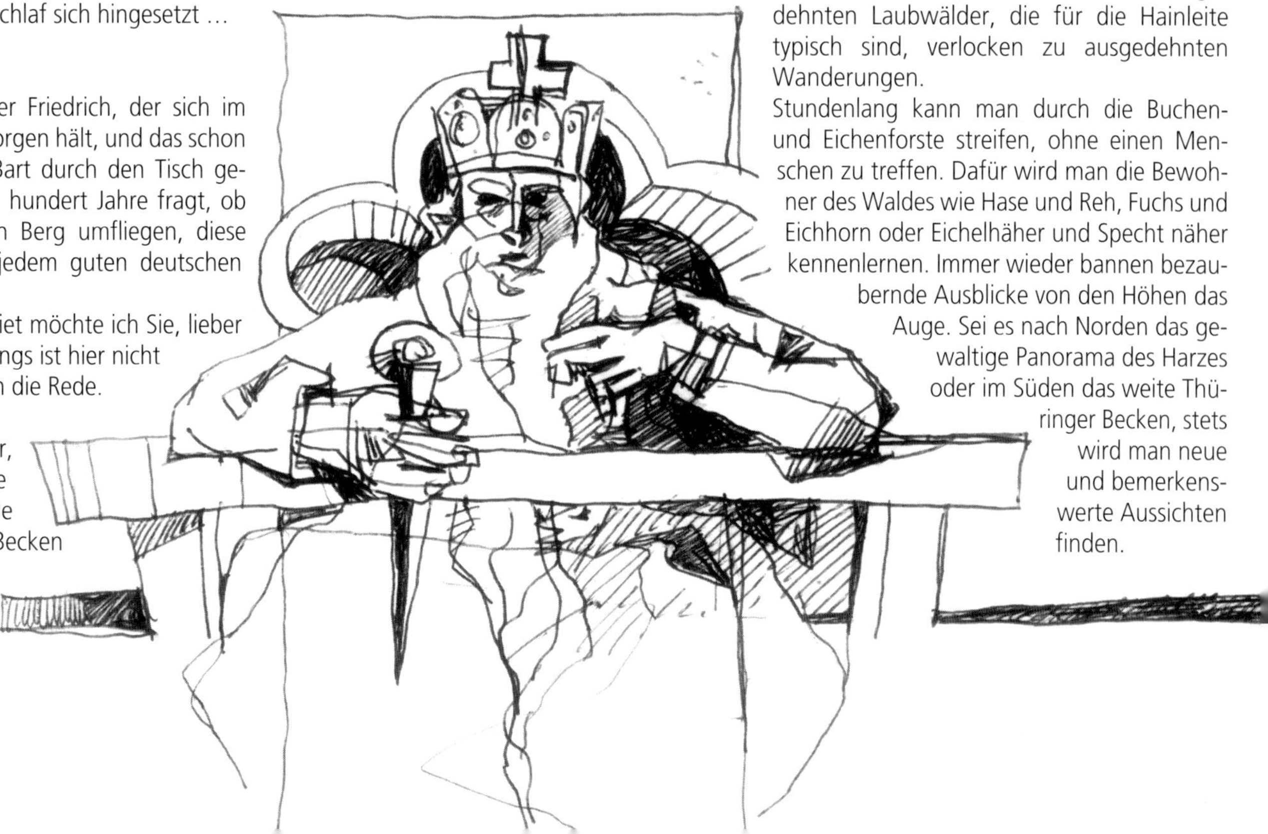
Das Faszinierende an der Hainleite ist, daß man sich, kaum daß die belebte Bundesstraße verlassen wurde, in einer zauberhaften Landschaft wiederfindet. Stille Täler, freundliche Dörfchen und leicht zu ersteigende Bergkuppen kennzeichnen dieses wunderschöne Stückchen Thüringen. Vor allem die ausgedehnten Laubwälder, die für die Hainleite typisch sind, verlocken zu ausgedehnten Wanderungen.
Stundenlang kann man durch die Buchen- und Eichenforste streifen, ohne einen Menschen zu treffen. Dafür wird man die Bewohner des Waldes wie Hase und Reh, Fuchs und Eichhorn oder Eichelhäher und Specht näher kennenlernen. Immer wieder bannen bezaubernde Ausblicke von den Höhen das Auge. Sei es nach Norden das gewaltige Panorama des Harzes oder im Süden das weite Thüringer Becken, stets wird man neue und bemerkenswerte Aussichten finden.

Für den naturverbundenen Wanderer bietet die Hainleite besondere Reize. Im Frühjahr bedecken Buschwindröschen wie ein weißer Teppich den Waldboden. Im Sommer vermeint man, durch grüne Hallen und Dome zu schreiten, der Herbst schmückt die Höhen mit verschwenderischer Farbenpracht und der Winter eröffnet weite Fernblicke, weil das Auge dann nicht vom Laub der Bäume am Schauen gehindert wird. Aber auch Spuren der Geschichte findet man auf der Hainleite. Uralte Burgen, Kirchen und andere Bauwerke zeugen von langer Besiedlung.

Die Hohe Schrecke ihrerseits begrenzt das Unstruttal und steht im Hinblick auf Naturschönheit ihrer größeren Schwester Hainleite in nichts nach. Alles bisher Gesagte trifft im vollen Umfang auch für diesen Höhenzug zu, nur daß sich hier andere Ausblicke eröffnen, wie zum Beispiel in die Unstrutauen oder zum Ettersberg bei Weimar.

Beiden nach Norden zu vorgelagert erhebt sich der sagenumwobene Kyffhäuser, schon von weitem sind das riesige Denkmal und der Fernsehturm sichtbar.

Der Kyffhäuser ist das kleinste der deutschen Mittelgebirge und bietet auf engem Raum eine kaum faßbare Fülle landschaftlicher Schönheit, wie man sie nur selten noch anderswo findet.

Trotz relativer Abgeschiedenheit sind Städte und Dörfer der Region gut über Anbindungen zu Bundesstraßen erreichbar. Eine Besonderheit stellt die Kyffhäuserstraße dar, die mit unzähligen S-Kurven den Kamm erklimmt, um den Reisenden auf ebensovielen Kurven wieder ins Tal zu entlassen.

Die Menschen hier sind freundlich und hilfsbereit. Auch im kleinsten Dorf tritt man dem Fremden aufgeschlossen gegenüber und immer wieder spürt man die tiefe Heimatverbundenheit, die die Leute hier besonders auszeichnet.

In diesem Buch können nur Anregungen gegeben werden. Der Leser soll neugierig gemacht werden auf eine Region Thüringens, die sich hervorragend für naturverbundene Urlaubs- und Ferientage eignet. Dieses Buch soll dazu verführen, Hainleite, Kyffhäuser und Hohe Schrecke weiter zu erkunden, um dieses Stückchen Heimat lieb zu gewinnen.

Nicht nur Historisches und Sagenhaftes wie auch Wissenwertes wird hier mitgeteilt. Wandern macht hungrig und durstig und müde auch. Daher habe ich mich für Sie umgeschaut, wo sich die vorgenannten Bedürfnisse zur vollen Zufriedenheit erfüllen lassen. Deswegen wird Ihnen auch für jeden Ort, über den ich erzähle, ein gastliches Haus vorgestellt. Ich versichere Ihnen, daß Sie jedes der Häuser getrost besuchen können, um da die typische Thüringer Gastfreundschaft zu erleben, die einen Besuch in der Region erst richtig abrundet.

Sie werden die Thüringer Küche mit ihren Spezialitäten kennenlernen. Vielfach kocht man noch nach alten und zum Teil streng gehüteten Familienrezepten, und jeder Gastwirt sorgt sich um das Wohl seiner Gäste wie um sein eigenes, das jedenfalls kann man von den Besitzern der hier vorgestellten Häuser mit Fug und Recht behaupten.

Natürlich rechnet sich jedes Haus zur Ehre an, Reisegesellschaften, Familien- und Vereinsfeiern und andere Zusammenkünfte zu betreuen, es ist allerdings ratsam, dies vorher telefonisch abzusprechen.

Sei es nun das Hotel von Welt oder der schlichte Dorfgasthof, eines haben sie gemeinsam: Gastfreundschaft, das Beste aus Küche und Keller und das Bestreben, dem Gast den Aufenthalt in der Region zum Erlebnis werden zu lassen. Daß dies immer gelingt, beweisen mittlerweile die vielen Gäste, die immer wieder in die Hainleite, zum Kyffhäuser und an die Hohe Schrecke zurückkehren.

In diesem Sinne, lieber Leser, begleiten Sie mich auf meinem Streifzug durch diesen nördlichsten Teil des gastlichen Thüringens.

Oktober 1995
Alexander Jesch

HOTEL-RESTAURANT „WEINBERG"
Artern

Für den Touristen ist die Geschichte der Salzsiederei in Artern mit Sicherheit ein bemerkenswertes Kapitel der Industriehistorie. Etwa 300 Meter unter der Erdoberfläche bildeten sich vor etwa 200 Millionen Jahren im Permzeitalter aus den Resten eines verdunsteten Meeres gewaltige Steinsalzlager mit einer Mächtigkeit von bis zu 120 Metern.

Die Natur war an keine Termine gebunden, sie wirkte langsam aber stetig. Wasser erreichte später die Salzlager, löste sie wieder auf und trat als Sole ans Licht des Tages. Salz gehört zu den wichtigen Lebenselixieren, und so werden bereits in grauen Vorzeiten umherstreifende Nomaden das kostbare Naß entdeckt haben. Da war man noch weit entfernt vom zielgerichteten Einsatz des Feuers. Die Sole wurde vermutlich pur zum Würzen verwendet, bis irgendwann ein pfiffiger Mensch entdeckte, daß sich Salz durch Verdampfen, durch Sieden, leichter und vor allem konzentrierter gewinnen ließ.

Mehr als 20 Siedehütten, unmittelbar an der wertvollen Solequelle erbaut, produzierten im Mittelalter schließlich das lebensnotwendige Gewürz. Im Jahre 1477 besaßen die Grafen von Mansfeld und Hohnstein die Saline, eine nicht unwichtige Einnahmequelle, an der ab 1521 auch die Stadt Artern beteiligt war, da nämlich hatte man Anteile erworben.

1580 verkauften die Salzherren Heinrich von Clausbruch und Dr. Kandler die Saline für 40.000 Gulden an den sächsischen Kurfürsten August I. Der ließ sogleich 22 neue Siedehütten erbauen und das Ganze mit einer Mauer im Fünfeck sichern, so kam Artern noch lange vor den USA zu einem Pentagon. Den sächsischen Herren ging es vor allem darum, den Salzsiedern aus Halle den böhmischen Markt abzujagen. Das wiederum brachte die Grafen von Schwarzburg auf den Plan. Sie kauften dem Kurfürsten die Saline wieder für 40.000 Gulden ab, um sie sodann stillzulegen. Artern war nämlich inzwischen zu einer harten Konkurrenz für die Schwarzburger Saline in Frankenhausen geworden.

Insgeheim schwelte der Salzstreit zwischen den Schwarzburgern und Wettinern weiter. Schließlich nahm August der Starke die Sache in die Hand und beauftragte den Bergingenieur Johann Gottfried Borlach, die Solequelle von Artern zu untersuchen. Borlach war ein hervorragender Fachmann. Er versuchte zunächst, mittels Bohrungen an das Steinsalz zu kommen, um es im Untertagebau zu gewinnen. Das scheiterte aber an damals unüberwindbaren geologischen Bedingungen. So ließ Borlach eine neue Saline errichten. Zwar gehörte die Quelle noch den Schwarzburgern, aber Borlach legte ein Leitungssystem mit Pumpstation an und führte so die Sole auf sächsisches Gebiet.

Große Bedeutung besaßen die 6 Gradierwerke, die im Salinenwesen des 18. Jahrhunderts eine absolute Neuerung darstellten. Hohe Holzgerüste, mit Schwarzdorngestrüpp verkleidet, erhoben sich nun weithin sichtbar. Die Sole wurde nun von oben über diese Anlagen geleitet, dabei verdunstete ein Teil des Wassers und unten tropfte ein Konzentrat ab, das sich mit wesentlich geringerem Aufwand an Brennmaterial eindampfen ließ.

Borlach war ein Mann, dem alles recht war, um den kurfürstlichen Auftrag zu erfüllen. Als die Arterner für die neue Saline ihre Gärten nicht bereitstellten, ließ der Sachse über Nacht alle Obstbäume absägen und brach damit den Widerstand.

Der Besucher sollte sich unbedingt mit der hochinteressanten Geschichte der Salzgewinnung in Artern vertraut machen. Dazu braucht es ein paar Tage Zeit, und so bietet sich das Hotel-Restaurant „Weinberg" als Basis für ein solches Vorhaben, denn von Artern aus kann man gewissermaßen „Kulturtourismus" betreiben.

Weimar, Erfurt, der Kyffhäuser, der Harz, Eisleben, Freyburg oder Naumburg sind nur eine kleine Auswahl von besuchenswerten Zielen, die alle von Artern aus bequem und in kurzer Zeit erreichbar sind.

Auf dem Berg am Stadtrand, auf dem vom Mittelalter bis in die jüngere Geschichte tatsächlich Wein angebaut wurde, erhebt sich hoch über der Stadt in ruhiger Lage das wunderschöne Hotel der Familie Kühne. Bereits ausgangs des letzten Jahrhunderts hatte ein rühriger Gastwirt den guten Platz entdeckt und nutzbar gemacht. Dabei wird die wundervolle Fernsicht, die man auch heute vom Hotel aus genießen kann, mit den Ausschlag gegeben haben.

Über die Unstrutauen und die „Diamantene Aue" gleitet der Blick hinüber zum Kyffhäuser. Das mächtige Panorama des Harzes grüßt und bei klarem Wetter auch der „Vater Brocken", und – auch hier gutes Wetter vorausgesetzt – im Südwesten findet man die Höhen des Thüringer Waldes und den Großen Inselsberg. Einmal davon abgesehen, daß man von hier oben den Arternern gewissermaßen in die Kochtöpfe gucken kann, ist dieser unbeschreiblich schöne Fernblick immer wieder für die Gäste des Hauses Anlaß, auf der Terrasse zu verweilen, und wenn einmal das Wetter kühl ist, erlebt man die Natur dieses Teiles Nordthüringens eindrucksvoll von der Glasveranda des Cafés aus.

Bis in die 50er Jahre bestand das alte Gasthaus auf dem Weinberg. Dann baute es der damalige staatliche Handel zum Jugend- und Tanz-Café um. Im Jahre 1982 übernahm Familie Kühne dieses Haus und führte es von Anfang an zur vollen Zufriedenheit der Gäste. Dennoch bedurfte das Haus auf dem Berg einer dringenden Überholung und so machten sich die Kühnes 1993/94 daran, gründlich zu rekonstruieren und gleich ein Hotel mit einzurichten. Das Ergebnis der Arbeit ist ein Ort gepflegter Thüringer Gastlichkeit, der den Besucher verleitet, immer wieder zum Weinberg zurückzukehren, wenn ihn der Weg nach Artern führt.

Eine herzhafte Thüringer Küche und die erlesenen Saale/Unstrutweine tragen dazu bei, daß der Aufenthalt in diesem Haus zum Erlebnis wird, einmal ganz abgesehen von den wunderschönen Zimmern, die eine erholsame Nachtruhe gewährleisten. So tragen denn auch mittlerweile unzählige Gäste den guten Ruf des Hauses auf dem Weinberg von Artern weit über die Grenzen Thüringens in alle Welt.

Hotel-Restaurant „Weinberg"

Bes.: Familie Kühne
Weinberg 1, 06556 Artern
Tel.: 03466 / 32 21 32, Fax: 32 18 48

geöffnet: tägl. ab 11.00 Uhr

Restaurant 40 Pl.
Café 36 Pl.
Gesellschaftszimmer 20 Pl.
Clubzimmer 15 Pl.
Terrasse 70 Pl.

3 1-Bettzimmer
1 Appartement
1 Hochzeitszimmer
18 2-Bettzimmer (Aufb. mögl.)
Alle Zimmer mit Balkon/Loggia o. Terrasse

Parkplatz am Haus

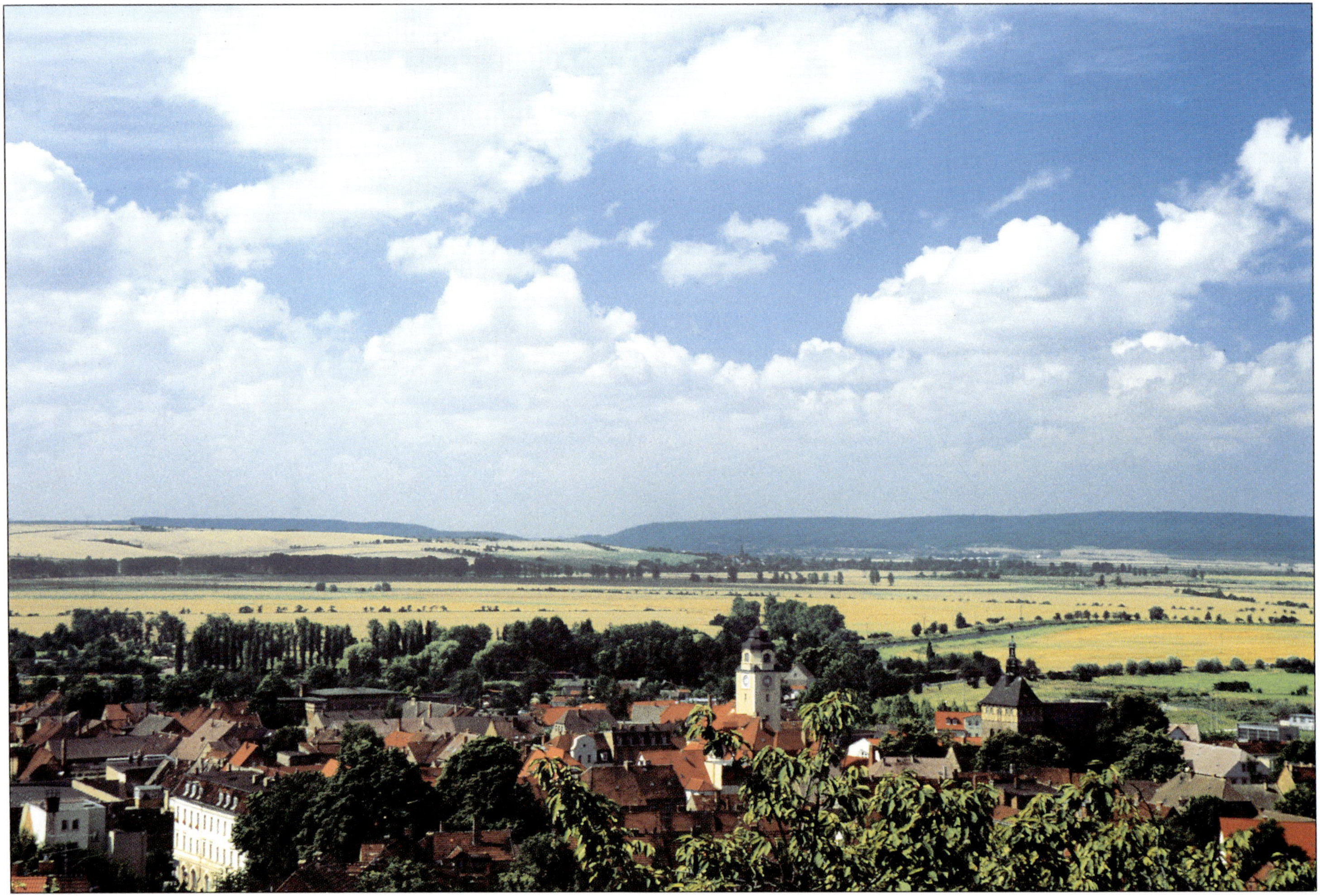

*Vom Hotel „Weinberg" gleitet der Blick
weit über Artern und die „Diamantene Aue"
ins schöne Nordthüringer Land*

„RATSKELLER" Artern

Sorgsam setzt der Bruder Schreiber im Kloster Hersfeld die Buchstaben aneinander. Er arbeitet am Güterverzeichnis, dem „Brevarium Lulli", und nun schreibt der Bruder auch den Namen eines kleinen Dorfes, östlich vom Kyffhäuser gelegen. „Aratora" steht auf dem Pergament, und man schreibt das Jahr 786. Der Mönch ist klug und vielbelesen, er weiß manches über die Entstehung seltsamer Namen. Dieser Dorfname wird auf das alte deutsche Wort Artari – soviel wie Ackerbau – zurückgehen, sinniert der Klosterschreiber, ehe er wieder zum Gänsekiel greift ...

Zu dieser Zeit ist die Siedlung mit Sicherheit schon viel älter. Die heutige Veitskirche wird der Mittelpunkt des kleinen Gemeinwesens gewesen sein. Sie wurde einst dem Sankt Veit zum Schutz gegen das Sumpffieber geweiht, aber da ist die Geschichte schon ein paar Jahrhunderte vorangeschritten, nun schreibt man schon das Jahr 1250.

Um 1200 baute man in der Nähe des Dorfes bereits eine Wasserburg, in ihrem Schutze entwickelte sich die eigentliche Stadt um Markt und Marienkirche. Die Veitskirche, ein sehenswertes Bauwerk im Übergangsstil von der Romanik zur Gotik, steht unter Denkmalschutz, und auch die Marienkirche ist ein sogenannter Gemengbau mit romanischem Turm, und beide sind also bedeutende Sehenswürdigkeiten von Artern.

Zwischen 1329 und 1346 erhielt der Ort Stadtrecht. Nun durfte man Mauern zum Schutz der Bürger errichten. Im Jahre 1346 kam die Gerichtsbarkeit hinzu. Kurios ist, daß über Jahrhunderte Dorf Artern und Stadt Artern nebeneinander bestanden und erst im Jahre 1831 zu einer Gemeinde zusammengefügt wurden.

Die Ackerbürger, die die Stadt bevölkerten, waren geduldige Menschen. Die Grundherren, denen sie untertan waren, wechselten häufig. Was der eine verordnete, verbot der andere, und so nimmt es nicht wunder, daß die Arterner mit der Zeit eine Gelassenheit entwickelten, die auch heute noch zu ihren Charakterzügen zählt.

1579 kam Artern an Kursachsen, und dann vergingen wieder 236 Jahre, ehe das Königreich Preußen die Oberhoheit übernahm. Um 1470 entdeckte man salzhaltige Quellen im Salztal, dem heutigen Parkfriedhof. Salz war ein begehrter Handelsartikel, die Leute aus Halle hatten schon längst bewiesen, wie man mit dem weißen Kristall zu Wohlstand kommen konnte. Und nun lag solcher Reichtum direkt vor der Haustür und sollte nicht genutzt werden?

So wurde ab 1477 in Artern Salz gewonnen, zunächst mit bescheidenen Methoden, bis der Bergingenieur Borlach eine Saline nach damals neuesten technischen Erkenntnissen errichtete. Die Salzgewinnung wurde in Artern zum wichtigsten Industriezweig.

Bemerkenswert ist, daß Artern auch Binnenschiffer zu seinen Bürgern zählte. Seit 1795 war die Unstrut für die Schiffahrt erschlossen worden. Noch heute entdeckt der aufmerksame Tourist in nächster Umgebung der Stadt Kanal- und Schleusenanlagen aus jener Zeit.

1810 lebten in Artern etwa 1800 Bürger. In der zweiten Hälfte des 19. Jahrhunderts erlebte die Stadt einen mächtigen industriellen Aufschwung. Allein in der Saline arbeiteten 1850 etwa 300 Menschen. 1865 kam eine Zuckerfabrik dazu, 1873 wurde ein Eisenwerk gegründet, 1881 eine große Blechschmiede und Schlosserei, und da Arbeit in solchen Betrieben allemal durstig macht, wurde 1879 eine Vereinsbrauerei mit Malzfabrik errichtet. Der Anschluß an das Eisenbahnnetz tat ein Übriges, um die Bedeutung der Stadt als Industriestandort zu heben. Inzwischen hatte sich die Einwohnerzahl auf knapp 5000 erhöht.

Heute ist Artern ein besuchenswerter Ort und bietet sich vor allem durch die günstige zentrale Lage und die guten Verkehrsanbindungen als Ausgangspunkt an, wenn es darum geht, die nähere und weitere Umgebung zu erkunden. Kyffhäuser, Hainleite und Hohe Schrecke liegen gewissermaßen vor der Haustür. Jedem Besucher fällt am Markt das imposante Rathaus auf. Der Turm ist schon weithin sichtbar, wenn man sich der Stadt nähert, und irgendwie scheint das Haus für die Stadt eine Nummer zu groß geraten, aber als man 1906 das Gebäude für die Bürger öffnete, war man stolz auf das Werk und ist es auch heute noch. In dieses Jahr fällt auch die Eröffnung des „Ratskellers", denn zu einem schmucken Rathaus gehört auf jeden Fall auch ein ebenso repräsentativer Ratskeller, dachten die Stadträte damals, und sie hatten Recht damit.

Eine Rolandfigur mit den Gesichtszügen des Reichskanzlers Otto von Bismarck am Rathaus weist den Weg in das gepflegte Restaurant. Hier im Mittelpunkt der Stadt findet der Tourist einen Platz, an dem er sich mit einer gutbürgerlichen Küche verwöhnen lassen kann.

Der Ratskeller sah manchen Wirt, darunter auch das Interregnum des damals in Ostdeutschland dominierenden Staatlichen Handels. Eines blieb er immer: Das gastronomische Zentrum einer lebendigen interessanten Stadt, und wieviele Gäste inzwischen hier einkehrten, ist nicht feststellbar. Man trinkt einen guten Unstrutwein und ißt herzhaft und führt ein gutes Gespräch, so soll es sein und so ist es auch.

Ab Mai 1992 übernahm Familie Detert das Haus mit dem Vorsatz, der Stadt ein würdiges Restaurant zu schaffen. Die Idee allein schafft noch keine Veränderung, und so griffen die Brauerei zu Einbeck und die Stadt in den Säckel und unterstützten das Vorhaben tatkräftig.

Mittlerweile hat sich der Ruf des Ratskellers bis in die Landeshauptstadt herumgesprochen, kein Geringerer als der damalige Innenminister und heutige Wirtschaftsminister Schuster war hier schon Gast, und der bekannte Sänger Olaf Berger ließ es sich ebenso wohl sein wie unzählige andere Gäste auch. Vom Ratskeller aus lassen sich Spaziergänge durch die Stadt unternehmen und das Fremdenverkehrsamt ist gewissermaßen im Haus, um mit Empfehlungen zu helfen.

Artern zu besuchen und kennen- und lieben zu lernen ist also nicht problematisch, wenn man weiß, daß einem um das leibliche Wohl nicht bange sein muß, denn dafür gibt es den „Ratskeller" und seine freundlichen Wirtsleute, die den Aufenthalt in der Stadt zum angenehmen Erlebnis werden lassen.

„Ratskeller" Artern

Inh.: Wolfgang Detert
Am Markt 14, 06556 Artern
Tel.: 03466 / 30 28 08

geöffnet: Mo.–Fr.: ab 10.00 Uhr
Sa.–So.: ab 11.00 Uhr

Restaurant 50 Pl.
Gesellschaftsraum 50 Pl.
Terrasse 25 Pl.

Parkplatz

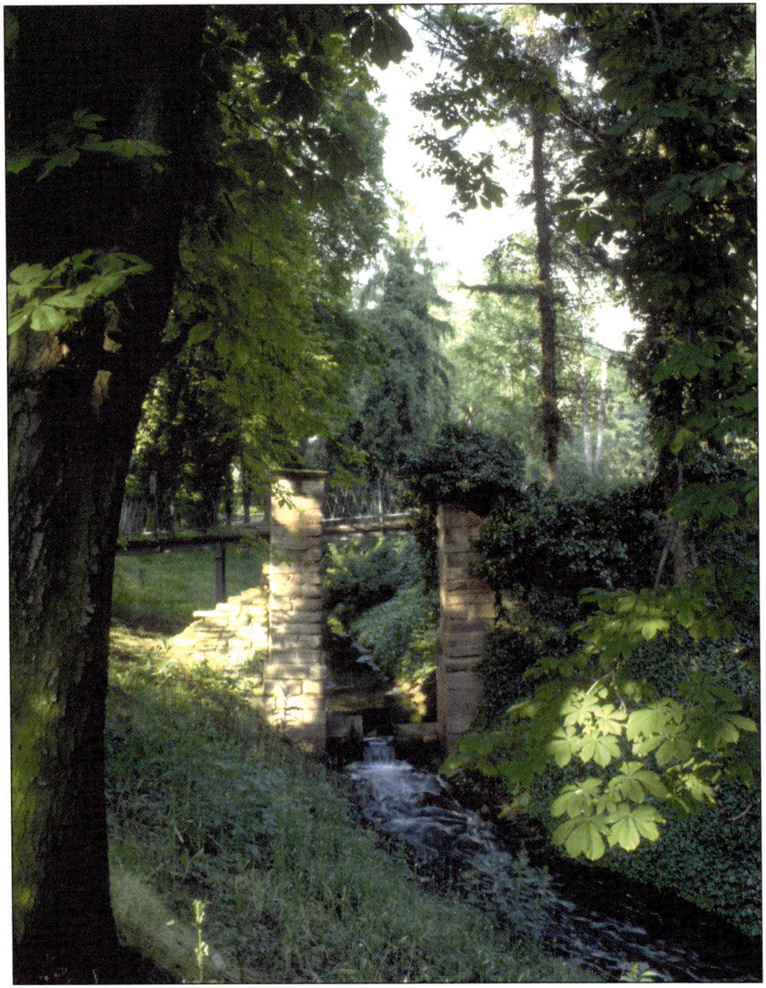

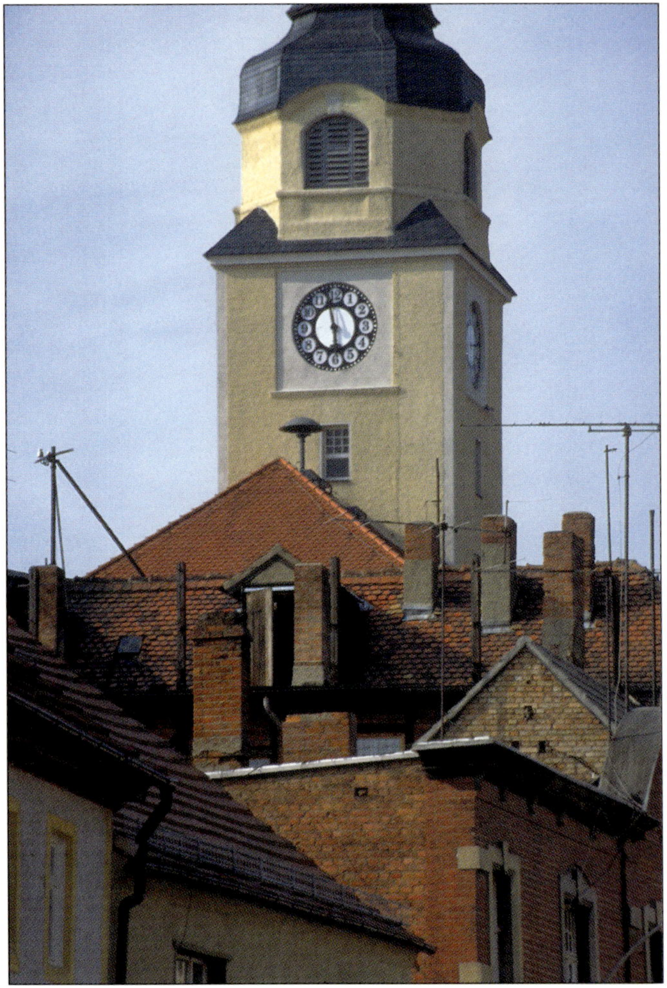

Der „Ratskeller" bietet im stilvollen Ambiente Erholung und fröhliche Stunden

Salz und Salinen machten Artern einst weitbekannt

BARBAROSSA-BRAUEREI
Artern

Beherrschend für die in diesem Buch vorgestellte Landschaft ist er schon – der rotbärtige Kaiser, der im Mittelalter regierte und um den sich unzählige Sagen und Legenden ranken.

Oben auf dem Kyffhäuser erhebt sich die uralte Reichsburg, die einst bedeutendes Machtzentrum war. Pfalzen und Kirchen weit und breit werden mit dem Kaiser Friedrich ebenso in Verbindung gebracht wie kluge politische Entscheidungen und gerechte Urteile, und nicht umsonst wird daher im Volk die Legende entstanden sein, der alte Rotbart säße im Kyffhäuser im unterirdischen Saale und wartete auf seine Wiederkehr.

Ob es nun ein Kaiser war oder ein Pferdeknecht, eines war ihnen gemeinsam – nämlich der Durst und damit auch die Mittel, um selbigen zu löschen. Mönche in den Klöstern waren berühmt für ihre Braukünste, lange Zeit besaßen sie das Monopol für das deutscheste Getränk und sie ließen es sich nicht nehmen, Fürsten mit einem Willkommenstrunk des Gerstensaftes zu begrüßen. Auch der arme Wanderer, der anklopfte, bekam sein Schöpplein Bier, nur gab es damals eben auch schon Qualitätsunterschiede und damit verbunden auch unterschiedliche Wirkungen nach dem Genuß des Getränks.

So nimmt es nicht wunder, daß auch der Kaiser Friedrich Barbarossa allenthalben, wo er auf seinen Regierungsreisen auch immer hinkam, mit einem Trunk Bier begrüßt wurde, und da es ja nun auf dem Kyffhäuser eine Reichsburg gab und – wie schon bemerkt – Pfalzen und Klöster auch, gab es auch Bier. Wobei natürlich jeder, der sich mit der Braukunst beschäftigte, argwöhnisch darüber wachte, daß die Herstellungsverfahren und Rezepte nicht abgeguckt wurden und klar ist, daß jeder Brauer natürlich sein Bier für das beste hielt.

Einem bayerischen Herzog war vorbehalten, Ordnung in die Vielfalt der Brauverfahren zu bringen, immerhin wurden doch oft recht dubiose Methoden und Zutaten angewandt und eingesetzt. So erließ also Herzog Wilhelm IV. von Bayern anno 1514 das „Reinheitsgebot" und schaffte damit auch das erste deutsche Lebensmittelgesetz. Seither rechnet es sich jede seriöse Brauerei zur Ehre an, nach diesem Reinheitsgebot zu brauen und die Biertrinker wissen's zu schätzen.

Der Durst als normales menschliches Bedürfnis war natürlich auch in Artern bekannt und das Reinheitsgebot des Bayrischen Herzogs auch. So kam es, daß sich im Jahre 1879 angesehene Arterner Bürger zusammentaten und eine Vereinsbrauerei gründeten mit der Zielstellung, dem Durst vermittels eines guten Bieres erfolgreich zu Leibe zu rücken.

Von Anfang an legte man dabei in Artern großen Wert auf jeweils modernste Technik. Die Kühlung war bislang immer ein Problem gewesen, 40.000 Zentner Natureis wurden jährlich benötigt, und so kam es 1898 zur Anschaffung einer „Eisfabrikationsanlage", die das Kühlproblem löste. 1904 wurde ein neues Sudhaus errichtet, und bereits 1907 begann man in Artern, Flaschenbier abzufüllen.

Die Geschichte der Barbarossa-Brauerei ist zugleich auch die Geschichte ständiger technischer Erneuerung und Verbesserung auf dem Gebiet des Brauwesens und also auch beipielgebend für viele andere Betriebe gleicher Art. Bereits 1925 setzte man anstelle von Holzfässern Stahltanks ein, 1936 wurde eine automatische Fassreinigungsanlage installiert und 1940 schließlich wurden die Biertanks emailliert. Ein Tiefbrunnen zur Gewinnung reinen Quellwassers wurde mit 60 Metern 1928 niedergebracht und 1933 wurde eine neue Kunsteisproduktion eingeweiht.

Beherrschten um die Jahrhundertwende noch mit Pferden bespannte Bierwagen das Straßenbild, wurde ab 1925 ein Fuhrpark mit Lastautos eingerichtet. Der Krieg hinterließ auch in der Brauerei seine Spuren, nur mit großen Anstrengungen konnte der Braubetrieb aufrecht erhalten werden. Zunächst wurden Zugpferde und LKW „eingezogen" und man mußte wieder wie weiland anno 1879 Ochsen vor die Bierwagen spannen.

Dann – mittlerweile war es 1940 geworden – wurde auf Anordnung der Stammwürzgehalt des Bieres von 9 auf 3 % gesenkt und schließlich sollte in den Kellern des Brauhauses der Krieg mit der Herstellung von Chemikalien „gewonnen" werden.

Nur mit Mühe gelang es damals der Unternehmensleitung, die gänzliche Schließung der Brauerei zu verhindern. Kein Aprilscherz war es hingegen, als am 1.4.1945 die Herstellung von Bier strikt verboten wurde, aber die russische Besatzungsmacht war zuzeiten auch für ihren Durst berühmt und so wurde ab Mai mit ihrer Genehmigung der Braubetrieb wieder aufgenommen.

Es folgte die Periode der staatlichen Regentschaft, der auch die Brauerei zu Artern unterlag. 1949 wurden in Artern 4 Getränkesorten in einer Menge von zusammen 23.000 Hektoliter hergestellt, diese Zahl sollte man sich merken. Bis 1979 wurde die Technik weiter verbessert, ein Ölheizwerk, eine geschlossene Würzekühllinie, Flaschenkeller und Kälteanlage kamen neben vielen anderen Neuerungen hinzu und ebenso wurde der Fuhrpark mit neuen LKW ergänzt.

Am 21.12.1967 zertörte ein Großfeuer die Malzfabrik und 1971 schließlich wurde die traditionsreiche Brauerei in das Getränkekombinat Dessau eingegliedert. 1979 – um eine weitere Zahl zu nennen – wurden in Artern über 160.000 Hektoliter Bier und alkoholfreie Getränke hergestellt und dies unter oft nicht leichten Bedingungen, vor allem in Hinblick auf die Rohstoffbereitstellung. In den folgenden 10 Jahren blieb man in Artern der Tradition der ständigen technischen Erneuerung treu und 1989 wurde ein Gesamtergebnis von über 200.000 Hektoliter an Getränken erreicht. Obwohl vielfach Qualitätsmängel dadurch auftraten, war doch das „Pilsator" aus Artern ein Spitzenbier, das man aber nur in exklusiven Lokalen fand.

Nach 1990 schien das Ende der Brauerei gekommen. Aber in Artern besann man sich auf Erfahrung und Werte, wie beispielsweise die einzigartige offene Gärung, und nachdem das Haus privatisiert wurde, tauchten allenthalben an den Gasthäusern wieder die Schilder mit dem Bild des Kaisers Rotbart auf und kündeten vom Ausschank des beliebten Bieres.

Die Familie Schmidt nahm sich initiativreich und mit Herz des Brauhauses an und übernahm die Brauerei am 21.2.1995 in Familienbesitz. Über 50 Millionen Glas Bier müßte man heute austrinken, um die Jahresproduktion zu vertilgen, und es werden immer mehr, wobei das „Barbarossa Classic schwarz" immer neue Liebhaber und damit Freunde der Arterner Brauerei gewinnt – und darauf kann man getrost ein herzliches „Prosit" wünschen.

Barbarossa-Privat-Brauerei GmbH

Geschäftsführerin: Vassiliki Schmidt
R.-Breitscheid-Str. 21, 06556 Artern
Tel.: 03466 / 21 50

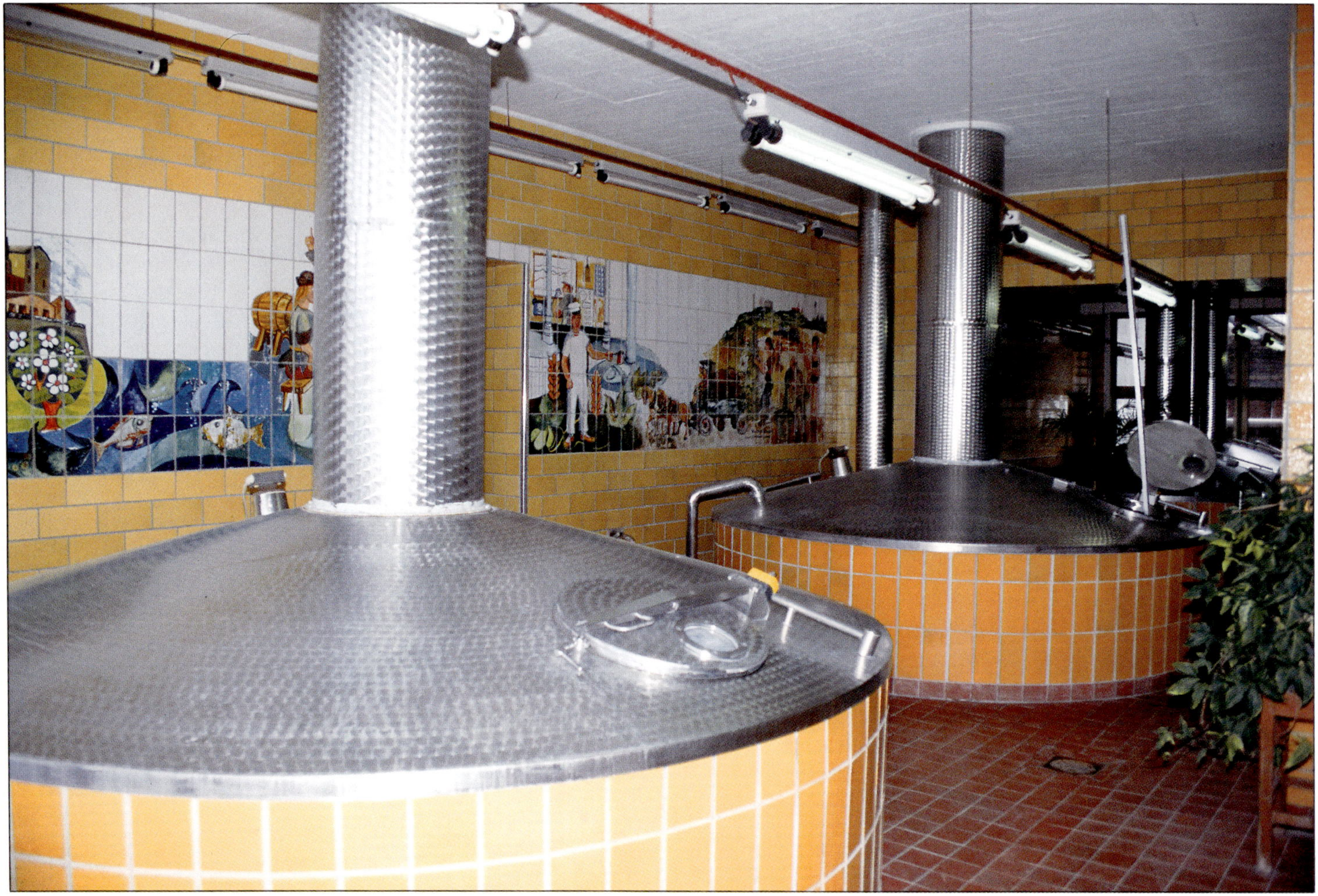

Die hohe Braukunst der Bierbrauer zu Artern bringt ein weithin bekanntes Bier in die Gasthöfe. Die „Barbarossa-Brauerei" – Symbol für gepflegte Biere im Zeichen des sagenumwobenen Kaisers.

HOTEL „RESIDENCE FRANKENBURG"
Bad Frankenhausen

Pisa ist in aller Welt wegen seines schiefen Turmes bekannt und zieht unzählige Touristen damit an. Wer aber weiß schon, daß man sich die Reise nach Italien durchaus sparen kann, wenn es darum geht, einen schiefen Turm zu besichtigen. Dieser ist unübersehbar, gleich aus welcher Richtung man sich der freundlichen Stadt am Südhang des Kyffhäusers nähert – der schiefe Turm der Frankenhäuser Oberkirche, von dem behauptet wird, er übertreffe im Neigungswinkel sogar noch sein berühmtes italienisches Pendant. Die Kirche, die man auch Bergkirche nennt oder „Unserer lieben Frauen Kirche", wurde bereits 1382 aus einer ursprünglichen romanischen Anlage umgebaut und gehört zum alten Siedlungskern der Oberstadt. Immerhin wurde Frankenhausen – wie schon der Name verrät – bereits um 900 gegründet und zwar von Franken, die den Wert der Solequelle zu schätzen wußten. Die Ursache der Turmneigung ist in einem unter dem Bauwerk verlaufenden Gipsspalt im Gebirge zu suchen, der beim Bau vor Jahrhunderten unbeachtet blieb. Gegenwärtig laufen intensive Bemühungen, um das Bauwerk an sich und die Kuriosität des Schiefen Turmes zu erhalten.

Aber nicht nur die Oberkirche ist Anziehungspunkt für Besucher der Stadt. Hoch über dem Ort erhebt sich weithin sichtbar der Hausmannsturm, dessen Geschichte durchaus berichtenswert ist. Er wurde bereits im 9. Jahrhundert als Schutzburg für die Frankensiedlung und die Salzsiedereien erbaut. Im Jahre 998 wird er als „Frankenhaus" erwähnt und eben diesem Bauwerk vedankt die Stadt letztendlich ihren Namen. Die „Frankenburg", wie man sie auch nennt, war ein Musterbeispiel früher militärischer Baukunst. Nach Süden fiel der Berghang steil ab und bot natürlichen Schutz. Die Nordseite wurde mit einem tiefen Graben, der in den Felsen geschlagen wurde, gesichert. Ein Palas und ein Burgfried, der nahtlos in das Mauerwerk der Nordseite des Palas eingebaut wurde, bildeten die zwar kleine aber überaus wehrhafte Anlage, die zudem von einer Ringmauer und einem Zwinger umgeben wurde. Ein Gang, in den Felsen gehauen, der von der Frankenburg zum Fuße des Burgberges führte, bot im äußersten Notfall letzte Rettungschancen. Der Burgvogt war mit umfangreichen Privilegien ausgestattet und seinen Herren, den Grafen von Beichlingen, für den Schutz von Ort und Salzsiederei verantwortlich.

Erst nach dem 30jährigen Krieg verfiel die Anlage zur bedeutungslosen Ruine, bis sich um 1700 die Stadt der Burg annahm und sie mit erheblichen Mitteln instandsetzte. Von hier oben aus war nämlich der ideale Beobachtungspunkt für einen Wächter, der vor allem auf mögliche Brände zu achten hatte, und von diesem „Hausmann" stammt die heute noch bekannte Bezeichnung der alten Frankenburg – der Hausmannsturm.

Allemal lohnt es sich, einen geruhsamen Spaziergang durch Frankenhausen zu unternehmen. Es ist ratsam, sich dabei der umfangreichen Hinweise und Informationen des Fremdenverkehrsamtes zu bedienen. Aber auch so trifft man auf Schritt und Tritt auf Spuren der Geschichte. So stößt man auf die Altstädter Kirche, die um 1000 erbaut wurde und dem Heiligen Petrus geweiht war. Man findet Spuren der Stadtbefestigung, immerhin ist mehr als die Hälfte von Stadtmauer, Türmen und Wallgräben erhalten und vermittelt ein anschauliches Bild von der Wehrhaftigkeit des Städtchens.

Die Solequellen waren aber nicht allein wirtschaftlich nutzbar. Wilhelm Gottlieb August Manniske (1769–1835) entdeckte die Heilkräfte der Quellen für den menschlichen Organismus und eben darauf basiert die Eröffnung des Kurbetriebes im Jahre 1818. Seither ist der Ruhm der Heilkraft des Frankenhäuser Wassers weit über die Grenzen Deutschlands gedrungen und nicht einmal die Statistik vermag exakt zu vermelden, wievielen Menschen hier Linderung und Heilung geboten wurde.

In unmittelbarer Nähe des Hausmannsturms erhebt sich der ebenfalls weithin sichtbare Neubau des Hotels „Residence Frankenburg". Niemand wird beim Anblick des wunderschönen Hauses vermuten, daß es doch eine recht lange Vorgeschichte hat.

Zuerst stand hier das „Töpperhäuschen", ein Wirtschafts- und Wohngebäude. Der Gastwirt Rudolf Schröder erkannte mit sicherem Blick die hervorragende Lage und erwarb das Anwesen. Am 1. Juni 1895 eröffnete er die „Bier- und Obstweinschenke Frankenburg" und bot in dem zunächst als „Sommerwirtschaft" betriebenen Lokal neben Frankfurter Apfelwein auch einen „bürgerlichen Mittagstisch" an. Der „Burgwirt" war rührig und schon ein Jahr nach Eröffnung richtete er einen Raum als „Müntzerhütte" ein, dessen Attraktion ein 8 Meter langes Bild über die Bauernschlacht war. Die „Frankenburg" wurde schnell zum gesellschaftlichen Anziehungspunkt für Bürger und Gäste. Kurkonzerte lockten die Menschen hinauf zum Hausmannsturm, der Bau eines Saales folgte, dann ließ Schröder eine Veranda und Kolonaden errichten und immer mehr entwickelte sich hier oben ein kulturelles Zentrum.

Feierstunden zur Ehrung Schillers, Ausstellungen und Bälle wechselten in bunter Reihenfolge und manchmal schoß der rührige Burgwirt auch übers Ziel hinaus, so mußte er 1906 3,– (in Worten: drei) Mark Strafe wegen einer nicht genehmigten Abendunterhaltung zahlen. Als Schröder 1919 das Haus abgab, wurde es dennoch weitergeführt und avancierte nun zum Kur- und Berghotel „Frankenburg".

Man muß sich von den heutigen Besitzern, dem Ehepaar Plath, einmal die Chronik dieses Hauses geben lassen, sie böte Stoff genug, ein ganzes Buch über die „Frankenburg" zu verfassen. Das Haus wurde zeitweise Lazarett, Kurheim, Flüchtlinge wurden untergebracht, stets aber blieb es seinem Ruf treu.

Heute bietet es auch dem anspruchvollsten Gast alles, was für einen erlebnisreichen und erholsamen Urlaub nur denkbar ist. Familie Plath sorgt sich mit dem Team des Hotels so um den Gast, daß man meinen möchte, es wird einem jeder Wunsch von den Augen abgelesen. Das Hotel „Residence Frankenburg" kann getrost als First-Class-Hotel empfohlen werden und wird dem Ruf unbedingt gerecht.

Hotel „Residence Frankenburg"

Bes.: Familie Plath
Am Schlachtberg 3, 06567 Bad Frankenhausen
Tel:. 034671 / 750, Fax: 034671 / 7 53 00

geöffnet: tägl., durchgehend

Restaurant „Von Dewitz" 80 Pl.
Terrasse 30 Pl.
Tagungsräume b. 120 Pl.
Pianobar 35 Pl.
Poolbar 15 Pl.

72 Exklusivzimmer
15 Junior-Suiten
1 Kaisersuite

Fitneß-Center, Solebad,
Massage, Solarium, Sauna,
Dampfbad, Beauty-Salon
weitere Angebote lt. Prospekt

Parkplatz

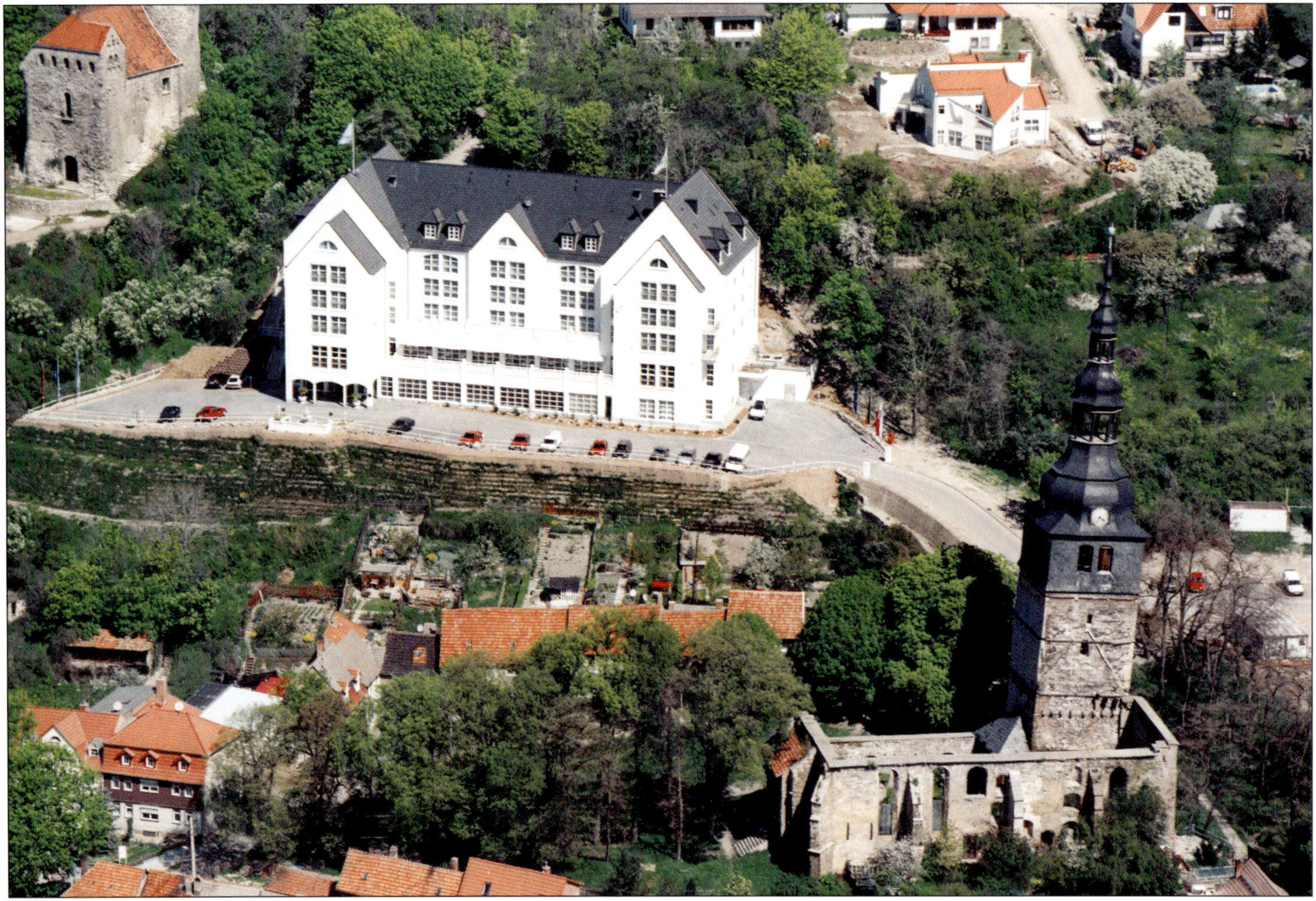

*Hausmannsturm und „Schiefer Turm" –
sie sind Wahrzeichen von Bad Frankenhausen
wie das Hotel „Residence Frankenburg",
das höchste Ansprüche erfüllt*

HOTEL-RESTAURANT „GRABENMÜHLE"
Bad Frankenhausen

Am 15. Mai 1525 verstecken sich die verängstigten Bürger Frankenhausens in ihren Häusern. Seit den frühen Morgenstunden erfüllen Kanonendonner und Waffenklirren und Geschrei die Luft. Auf dem Hausberg, man wird ihn später den „Schlachtberg" nennen, haben die Truppen der Fürsten die Wagenburg der aufständischen Bauern eingekreist. Gegen die gut bewaffneten und militärisch ausgebildeten Landsknechte sind die Bauern mit ihren einfachen Waffen machtlos. Verzweifelt muß der rebellische Prediger Thomas Müntzer ansehen, wie seine Anhänger, einige Tausend immerhin, gnadenlos zusammengehauen und erstochen werden. Nur wenigen gelingt es, den Ring der Angreifer zu durchbrechen.

In panischer Angst flüchten sie den Berg hinab ins Städtchen. Die Fürstlichen setzen ihnen nach. Systematisch wird Haus um Haus durchsucht. Wen man findet, der wird auf der Stelle niedergemacht.

In einem Torhaus entdecken die Landsknechte einen Mann, der liegt im Bett und gibt vor, krank zu sein. Schon wollen sich die Knechte abwenden, als einer doch das Bett durchwühlt. Triumphierend hält er eine Tasche mit Briefen hoch. Der vermeintliche Kranke erbleicht – das ist das Ende, weiß er. Er wird gefesselt und aus dem Haus gezerrt, ihn braucht man lebend. Der Führer der Bauern, Thomas Müntzer, ist gefangen und noch am gleichen Tage wird er scharf bewacht nach Burg Heldrungen gebracht.

Oben auf dem Berg ist es inzwischen totenstill geworden. Die erschlagenen Bauern liegen auf dem Schlachtfeld, der Sage nach färbte ihr Blut einen kleinen Bach. Die Schlucht, darin er fließt, wird heute noch die Blutrinne genannt. Frankenhausen ist pure deutsche mittelalterliche Geschichte. Man muß bedachtsam durch Gassen und Straßen wandern, um überall auf Spuren der Vergangenheit zu stoßen. Das blutige Ende des Bauernkrieges ist natürlich ein besonderes Ereignis und immer wieder hat Leben und Werk Thomas Müntzers Schriftsteller, Maler und Komponisten zu Arbeiten zu diesem Thema angeregt.

Aber Frankenhausen ist nicht nur diese Tragödie deutscher Geschichte. Lange vor den Ereignissen auf dem Schlachtberg besaß die Stadt ein hohes Ansehen wegen des Salzes, das hier gewonnen wurde. Aus sieben gefaßten Schächten wurde mit Hilfe sinnvoll konstruierter Förderanlagen die Sole geschöpft und den Siedereien zugeführt. Diese Salzproduktion sicherte dem Gemeinwesen einen hohen Wohlstand. 1477 gab es in der Altstadt 118 Häuser, in der Neustadt waren es bereits 195 und 1525, im Jahr der Bauernschlacht, zählte man 347 Häuser und Höfe.

Da sich die Frankenhäuser zum Teil auf die Seite Müntzers stellten, viele von ihnen den letzten Kampf mitfochten, zogen sie sich den Zorn der siegreichen Fürsten zu. 104 Bürger, davon 19 Salzpfänner, verloren am 15. Mai

1525 ihr Leben. Das war den Fürsten nicht genug, die Gemeinde wurde „arg gestraft und geschröpft". Es dauerte Jahrzehnte, bis sich die Salzproduktion erholte. Mittlerweile war aber im benachbarten Artern eine gefährliche Konkurrenz entstanden, denn auch hier wurde Salz gewonnen, und der Streit zwischen beiden Städten wirkte sich auf den Handel nicht günstig aus. Nur die Abnehmer hatten ihre Freude daran. Wie man so sagt: Wenn zwei sich streiten, freut sich der dritte.

Man sollte das Heft von L. Pflaumbaum „Beitrag zur Frankenhäuser Stadtentwicklung" zur Hand nehmen, um einen anschaulichen Streifzug durch die Geschichte des Städtleins zu unternehmen. Die Schrift bekommt man im besuchenswerten Heimatmuseum im Schloß.

Die Sehenswürdigkeiten sind nicht nur das Bauernkriegspanorama oder das Museum, man soll sich von Frankenhäusern den Schiefen Turm zeigen lassen, dessen Besichtigung eine Reise nach Pisa erspart, oder einen Aufstieg zum Hausmannsturm nicht scheuen, um die wunderschöne Aussicht auf die Stadt zu genießen.

In der Nähe des Platzes, wo einst das Stadttor stand, in dem Müntzer gefangen wurde, entdeckt man das Hotel-Restaurant „Grabenmühle". Umgeben von schönen Anlagen am äußeren Rande der Stadtmauer lädt das Haus den Gast zum Nähertreten ein. 1647 wurde die Grabenmühle erbaut, und da sie zuerst als Ölmühle arbeitete, mußte sie wegen der Brandgefahr außerhalb der Stadt errichtet werden. Bis 1896 lieferte die Mühle Öl für Küchen und Haushalte. Dann schlug das Feuer zu und vernichtete den ehrwürdigen Bau bis auf die Grundmauern. Aber bereits ein Jahr später drehte sich das Mühlrad wieder geschäftig, auf den Fundamenten der Ölmühle hatte man eine Mehlmühle errichtet.

Erstaunlich ist, daß diese Mühle noch bis 1957 arbeitete. Das Wasser für das Mühlrad wurde durch ein klug angelegtes Röhrensystem herangeführt und zwar von der „kleinen Wipper". Die „kleine Wipper" war ein künstlicher Kanal, der einst das Wasser für die mittelalterlichen Soleschöpfwerke lieferte und der vom Erfindungsreichtum der alten Frankenhäuser Zeugnis ablegt.

Nachdem das Mühlrad endgültig stillstand, zogen Kinder in das Haus, die Grabenmühle wurde zu einem Ferienheim ausgebaut und bot nun jährlich hunderten von Schülern Erholung in der interessanten Kyffhäuserstadt. Ab Mitte der 70er Jahre wurde das Haus zu einem Betriebsferienheim umgewandelt. Nun verbrachten Urlauber der Gewerkschaften hier schöne und erholsame Tage und so blieb es denn auch bis 1990. Dann wurde es in der alten Mühle still.

Daß es nicht so blieb, ist der Familie Keck zu danken, die sich vornahm, das Haus wieder mit Leben zu erfüllen. 1992 übernahmen Kecks die Mühle. Zunächst setzte eine Periode der Sanierung und Rekonstruktion ein, und oft werden die Tage mit 24 Stunden zu kurz gewesen sein. Immerhin galt es, den neuesten Standard in Hotel und Restaurant einzubringen, ohne Historisches zu zerstören. 1993 öffnete die Grabenmühle wieder ihre Pforten. Im neuen Gewande präsentierte sich das Haus leistungsfähig und gastfreundlich. Familienfreundlichkeit gehört neben der liebenswürdigen Betreuung der Gäste zu den Prinzipien der Familie Keck, und die herzhafte Thüringer Küche, nach Originalrezepten zubereitet, tut das ihre, um jeden Gast zu einem weiteren Besuch des Hauses zu veranlassen und Frankenhausen in guter Erinnerung zu behalten.

Hotel-Restaurant „Grabenmühle"

Bes.: Familie Keck
Am Wallgraben 1, 06567 Bad Frankenhausen
Tel.: 034671 / 7 98 82 u. 7 98 83
Tel./Fax: 034671 / 24 75

geöffnet:
Mo.– Sa. 11.30 – 14.00 und 17.00 – 23.00 Uhr
So. Ruhetag

Restaurant 70 Pl.
Vereinszimmer 15 Pl.
Biergarten 50 Pl.
Terrasse f. Hausgäste 30 Pl.

12 2-Bettzimmer (Aufbettung teilw. mögl.)
2 1-Bettzimmer

Parkplatz am Haus

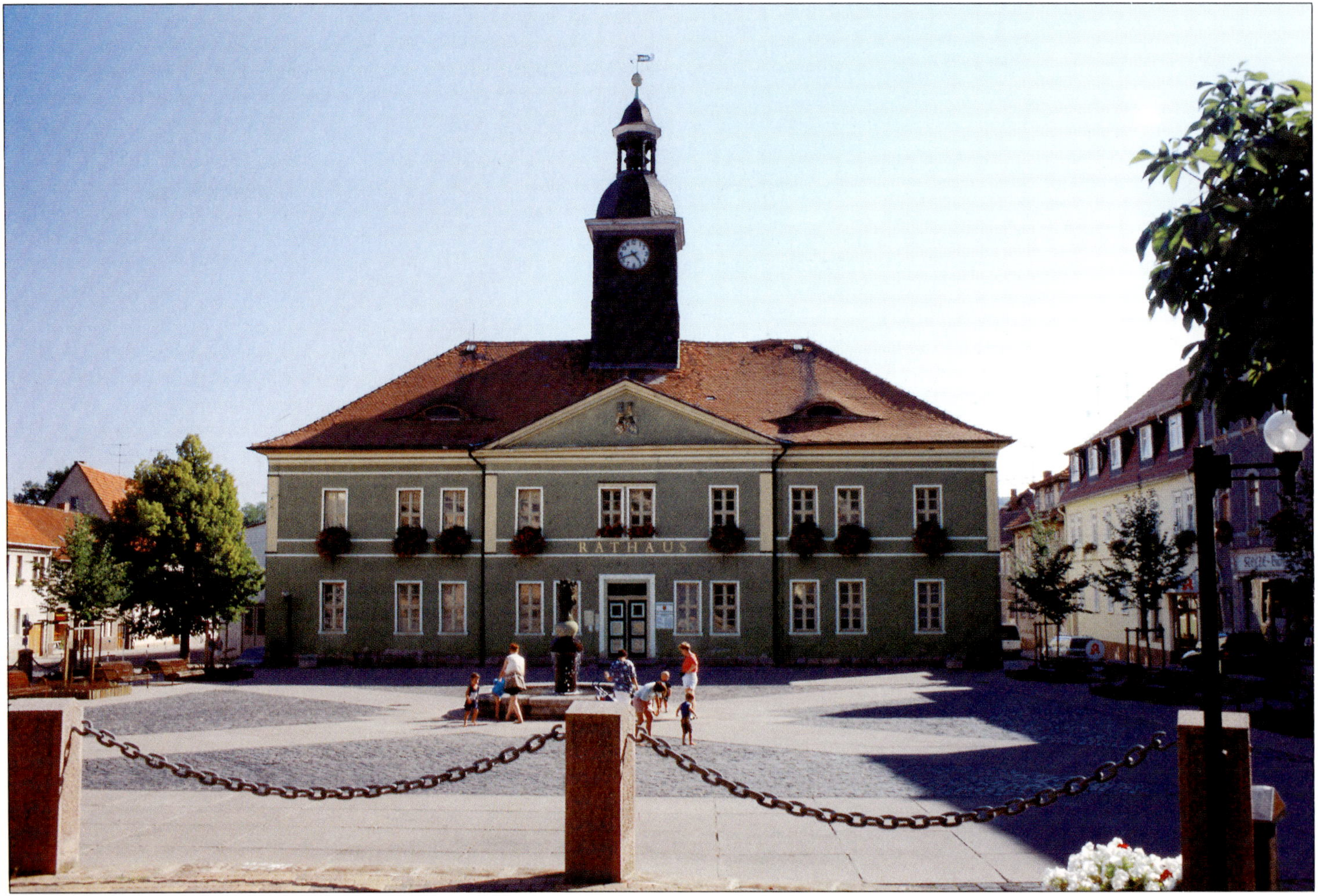
RATHAUS

*Die „Grabenmühle" hält,
was sie verspricht:
Thüringer Gastfreundschaft*

*Das Rathaus in
Bad Frankenhausen*

HOTEL „REICHENTAL"
Bad Frankenhausen

Seit Tagen ist es auf dem Hausberg bei Frankenhausen lebendig geworden. Bauern aus Thüringen versammeln sich, sie folgten dem Ruf des Predigers Thomas Müntzer. Mit ihrem Heer wollen sie ein für allemal mit der Unterdrückung durch Adel und Geistlichkeit Schluß machen. Nur das Evangelium soll fürderhin oberstes Gesetz des Handelns aller Menschen sein, niemand hat das Recht, sich über andere zu erheben, „die Gewalt soll gegeben werden dem gemeinen Volk" hat der Müntzer verkündet, und er hat es den Fürsten in einer mutigen Predigt auf dem Schloß zu Allstedt auch so entgegengeschleudert.

Müntzer ist glühender Idealist, er übersieht die Realitäten, die von Luther völlig anders eingeschätzt werden. Ein böser Streit hat die beiden namhaften Förderer der Reformation entzweit. Luther setzt auf die Gewalt des Wortes, der Überzeugung, Müntzer auf die des Schwertes. Die von Fron und Ausbeutung gepeinigten Bauern sehen in Müntzer den Wegweiser aus ihrer unerträglichen Situation.

Am 11. Mai 1525 trifft Müntzer bei den Bauern auf dem Hausberg ein. Er kommt aus Mühlhausen, hat von dort aus mobilisiert, Aufrufe geschrieben, gepredigt. Jubelnd begrüßen ihn die Bauern, nun, da er bei ihnen ist, muß ihre „große Sach'" gelingen. Mit wachsender Sorge beobachten die Fürsten den Zulauf zu Müntzer. Einzelaktionen scheiterten bisher, es gilt, einen vernichtenden Schlag zu führen.

Die Grafen von Mansfeld, der Herzog von Braunschweig, Georg von Sachsen, sie erwählen Phillipp von Hessen zum Führer des verbündeten Heeres. Philipp ist trotz seiner Jugend bereits ein ausgezeichneter Militär, für ihn ist die Aufgabe eine Etüde. Am Morgen des 15. Mai 1525 hat sich der Ring des Fürstenheeres eng um die Wagenburg der Bauern geschlossen. Noch herrscht die Ruhe vor dem Sturm. Müntzer predigt. Ein Regenbogen steht am Himmel, das gleiche Symbol trägt die Bauernfahne, ein Zeichen des Himmels also. Dann donnern die Geschütze der Fürstlichen, Reiterei bricht aus der Deckung, Landsknechte rücken im Karree unaufhaltsam voran. Was folgt ist ein fürchterliches Blutbad. Nur wenigen gelingt die Flucht aus der tödlichen Umklammerung. Später wird man erzählen, daß das Blut der Erschlagenen einen Bach gefärbt haben soll.

Gleich, wie man in späteren Zeiten über die Bauernerhebung urteilen wird und noch heute urteilt, unbestritten bleibt die Tatsache einer Tragödie in der deutschen Geschichte, die für die Hauptbeteiligten, die Bauern, schrecklich ausging, denn die siegreichen Fürsten hielten hartes und strenges Gericht, um den Bauern für alle Zeit Rebellionsgelüste auszutreiben, und oft wurden Teilnehmer der Erhebung dem Henker übergeben, darunter auch Thomas Müntzer …

Weithin sichtbar erhebt sich auf dem Schlachtberg der Rundbau des Panoramas, einer Gedenkstätte für den Bauernkrieg und sein Ende in Thüringen. Das Monument ist umstritten, es ist in seiner Form der Wagenburg nachempfunden und steht an dem Platz, wo in etwa die letzte Kampfphase stattfand. Es ist auf jeden Fall sehenswert, schon vor allem deswegen, weil sich in dem Denkmal das größte Gemälde der Welt befindet. Tausende Besucher pilgern daher jährlich auf den Schlachtberg und stehen staunend und nachdenklich vor dem gewaltigen Gemälde.

Werner Tübke, einer der bedeutendsten Maler Ostdeutschlands, wurde beauftragt, ein Gemälde nach dem Vorbild des Schlachtenbildes von Borodino bei Moskau zu schaffen. Dort wurde die Niederlage Napoleons eindringlich dargestellt. Aber Tübke ließ es nicht bei einer bloßen Kriegsdarstellung bewenden. 1983 bis 1987 entstand auf einer Fläche von 1.800 Quadratmetern ein Riesengemälde, das sich mit der Periode der Renaissance und der Reformation umfassend auseinandersetzt. Dieses Gemälde zu beschreiben wäre vermessen. Man muß selbst hinauffahren auf den Berg und das gewaltige Kunstwerk auf sich wirken lassen.

Während einer sachkundig gehaltenen Führung erschließt sich nach und nach die Vielfalt der Darstellung, wird der Sinn immer deutlicher erkennbar und wächst damit auch das Wissen um die Zeit Luthers und Müntzers.

Das Motiv des Lebensborns aus diesem Gemälde, des Brunnens, um den sich Denker und Künstler des 16. Jahrhunderts versammeln, grüßt den Gast im Foyer des Hotels „Reichental" und ist gewissermaßen zugleich Programm des Hauses.

Mächtige alte Kastanien stehen, freundlichen Hütern dieses gastlichen Ortes gleich, vor dem Haus. Bereits Ende des letzten Jahrhunderts war das „Gasthaus Reichental" ein Begriff für Gastfreundschaft und gute Küche. Wievielen Menschen hier Stärkung und Ruhe geboten wurde, ist nicht mehr feststellbar, mit Sicherheit muß jeder Aufenthalt im „Reichental" aber so angenehm gewesen sein, daß sich heute noch Gäste von damals in allen Ecken Deutschlands an dieses Haus mit Freude erinnern.

Das traditionsreiche Familienunternehmen wurde von der Familie Baumann geführt. Ihr entstammt auch der heutige Besitzer Wolfgang Gommlich, und er fühlt sich dem berühmten Thüringer Gastwirtsgeschlecht zutiefst verpflichtet. Als nach 1945 Deutschland geteilt wurde, kamen problemreiche Zeiten auf die Baumanns zu. Mit welchen Schwierigkeiten Vater Baumann, eine weitbekannte auffällige Persönlichkeit mit weißem Haupthaar und Bart, zu kämpfen hatte, bis er schließlich durch Enteignung zur Aufgabe gezwungen wurde, ist ein Kapitel der Geschichte des Hauses, das bei Wolfgang Gommlich düstere Erinnerungen weckt. Um so mehr war er nach der Wende 1989 mit seiner Familie nicht nur bestrebt, das Haus zurückzugewinnen, sondern es im Sinne seiner Vorfahren so zu gestalten, daß es seinen einstigen ausgezeichneten Ruf zurückgewann. Familie Gommlich plante, arbeitete, legte Hand an, die Nacht wurde mitunter zum Tag.

Die Arbeit lohnte sich. Das „Reichental" ist ein Haus, in dem es an nichts mangelt, um auch den anspruchsvollen Gast zufriedenzustellen. Eine schier unendliche Palette von Erholungsmöglichkeiten und Serviceleistungen lassen den Aufenthalt zum angenehmen Erlebnis werden. Die alten Kastanien hüten das Haus wie einst und inzwischen haben Gäste aus allen Teilen Deutschlands hier die traditionelle Gastfreundschaft erlebt und wissen zu berichten, daß das „Reichental" die Stadt Frankenhausen würdig repräsentiert.

Hotel „Reichental"

Bes. Familie Gommlich
Rottleber Str. 4, 06567 Bad Frankenhausen
Tel.: 034671 / 680

Restaurant 120 Pl.
Kaisersaal 100 Pl.
Kellerbar 60 Pl.
2 Konferenzräume à 25 Pl.
Biergarten 50 Pl.

1 Hochzeitssuite, 2 Familienappartements
4 1-Bettzimmer
13 große 2-Bettzimmer (Aufb. mögl.)
30 norm. 2-Bettzimmer
1 Behindertenzimmer

Parkplatz am Haus

An der Stelle der Schlacht von 1525 erhebt sich das „Panorama" Bad Frankenhausen

Hotel „Reichental" – geprägt von Tradition und Gastlichkeit

RESTAURANT „SCHLOSS-CAFÉ"
Bad Frankenhausen

Die Geschichte Bad Frankenhausens beginnt schon vor vielen tausend Jahren. Die fruchtbaren Lößböden, die Riedgebiete mit ihrem Fischreichtum in Gewässern und die geschützte sonnige Lage werden schon vor etwa 6000 Jahren Menschen bewogen haben, sich hier niederzulassen. Noch mußte man sich mit Steinwerkzeugen behelfen, Feuerstein war das Grundmaterial, aber auch die Töpferei war bereits zum Bestandteil handwerklicher Fähigkeiten geworden.

Ausgrabungen haben bestätigt, daß die Menschen bereits vor etwa 3000 Jahren die Solequellen entdeckt hatten und sich mit der Gewinnung von Kochsalz beschäftigten. Nach und nach tritt die kleine Siedlung immer mehr aus dem Dunkel der Vergangenheit ins Licht der erkennbaren Geschichte. Die Salzsiederei war über viele Jahrhunderte der wichtigste Erwerbszweig und die Franken, die sich hier ansiedelten, wußten das wohl zu schätzen.

In Artern oder Halle, wo ebenfalls das Salz dominant war, sprach man von „Kothen", wenn es um Siedestätten ging, in Frankenhausen hießen sie „Sölden" und dieser Begriff kommt eindeutig aus dem fränkischen Sprachraum.

Die Geschichte der Salzgewinnung am Südhang des Kyffhäusers ist ein hochinteressantes Kapitel der Historie von der Nutzbarmachung und Verwertung von Bodenschätzen, sie kann in Deutschland unbedingt gleichrangig neben die Geschichte berühmter süddeutscher Salzorte gestellt werden. Beim Spaziergang durch die wunderschöne alte Stadt kommt der Besucher mit Sicherheit zum Frankenhäuser Schloß, es befindet sich in der Nähe von Rathaus und Unterkirche.

Die Grafen von Beichlingen, die ihre Stammburg drüben an der Hohen Schrecke hatten, sahen in Frankenhausen einen Ort, der durch eben das Salz hohen Wert besaß und demzufolge entsprechend gesichert und natürlich auch beherrscht sein mußte. So wurde neben dem Wassertor am sichersten Punkt der Stadtbefestigung die Burg erbaut, sicher vor allem schon deswegen, weil die Anlage nach Süden und Osten durch ausgedehnte Sümpfe geschützt war und das Wassertor den einzigen Zugang zur Stadt bot.

1399 wird die Burg erstmalig erwähnt, da ging sie aus dem Besitz der Beichlinger in den der Grafen zu Schwarzburg über. Der 15. Mai 1525, jener schwarze Unglückstag für die aufständischen Bauern, die oben auf dem Schlachtberg vernichtend geschlagen wurden, zog auch die Burg in Mitleidenschaft, sodaß die ursprüngliche Anlage abgetragen werden mußte; das war 1533. Die Grafen von Schwarzburg nutzten die günstige Lage für einen Neubau und es entstand ein Schloß mit Kapelle, das 1578 und 1589 erweitert und ausgebaut wurde. Die Stadtansicht, die Merian 1650 anfertigte, läßt einen Renaissancebau erkennen, der mit Treppengiebeln und Dachausbauten geziert war. Ein Brand verwüstete 1689 das Schloß und erst hundert Jahre später wurde es wieder aufgebaut. Dennoch stammen die Fenster an der Ostseite mit ihren Rechteckfassungen noch von der alten Burg von 1533 und Kreuzgewölbe, Pfeiler und Teile der Terrasse stammen ebenfalls noch aus dieser Zeit.

Das Schloß ist aber auch aus einem anderen Grunde Anziehungspunkt für unzählige Besucher der Stadt. Hier befindet sich nämlich das Heimatmuseum, dessen Besuch auf jeden Fall im Programm vorgemerkt werden sollte. Alles, was über die lange und wechselvolle Geschichte der Stadt, ihrer Bauwerke, der Salzgewinnung und des Kurbetriebes Aufschluß gibt, wird hier dem neugierigen Besucher präsentiert. In jedem Raum spürt man die Sachkunde und auch die Heimatliebe, die hier bei der Gestaltung der Exposition Pate standen und das bringt mit sich, daß einem das freundliche Städtchen am Kyffhäuser noch sympathischer wird, als es ohnehin schon ist. Die Spuren frühester Besiedlung werden ebenso gezeigt wie die wechselvolle Geschichte der Beichlinger und Schwarzburger Herrschaften, dem Bauernkrieg ist ein Raum gewidmet wie auch der Solegewinnung, und mit Sicherheit tritt man nach einem Rundgang durch das Museum einen weiteren Spaziergang durch die Stadt an. Nun sieht man vieles noch viel besser als vorher.

Ruhepunkt im Schloß ist auf jeden Fall das Restaurant „Schloß-Café", das dem Gast freundlich und stilvoll eingerichtet offen steht. Als 1975 der 450. Jahrestag der Bauernschlacht begangen wurde, unterzog man auch das Schloß einer denkmalpflegerischen Rekonstruktion, und dabei wurde auch das Café mit eingerichtet. Heute ist das Restaurant ganz auf den Charakter des Hauses eingestellt. Es sitzt sich angenehm im historischen Kreuzgewölbe und an lauschigen Sommerabenden draußen auf der Freiterrasse. Der Staatliche Handel bewirtschaftete das Café bis 1990. Dann war zunächst eine gründliche Sanierung und Renovierung nötig.

1993 konnte das Restaurant seine Pforten wieder für die Gäste öffnen. Mit Ideenreichtum und richtigem Gespür für die historische Substanz hatte es die heutige Inhaberin Jutta Rumpf verstanden, einen Platz echter Thüringer Gastlichkeit zu schaffen. Die gelernte Konditormeisterin mit langjähriger Berufserfahrung legt großen Wert darauf, daß zum Beispiel alles, was an Kuchen und Torten angeboten wird, auch selbst gebacken ist, es gibt also kein „Fast Food".

Ein besonderer Hit ist eine Veranstaltung, die für Gruppen ab 15 Personen gestaltet wird. „Feucht-fröhliches Mittelalter" heißt diese Attraktion, für die man im Kreuzgewölbe des Schloß-Cafés zur Freude vieler Teilnehmer wirbt. Da kann man so recht schlemmen und schmausen, wie es einst unsere Altvorderen taten. Man muß nur einmal einen Blick in die Fotosammlung werfen, um Lust zu bekommen, einmal solch ein „Mittelalter-Essen" selbst zu erleben. Auf jeden Fall ist ein Besuch im Schloß-Café bei Jutta Rumpf und ihrem freundlichen Team eine „runde" Vervollständigung des Stadtbummels und das beweisen auch die lobenden Bemerkungen und Empfehlungen aller, die jemals hier zu Gast waren und mit Sicherheit auch wiederkommen werden.

Restaurant „Schloß-Café"

Inhaberin: Jutta Rumpf
Schloßstr. 11, 06567 Bad Frankenhausen
Tel.: 034671 / 26 30

geöffnet:
Di. – So. ab 10.00 Uhr
Mo. Ruhetag

Café – Raum 1 – 30 Pl.
Café – Raum 2 – 23 Pl.
Terrasse 50 Pl.

Parkplatz am Haus
Übernachtungsvermittlung

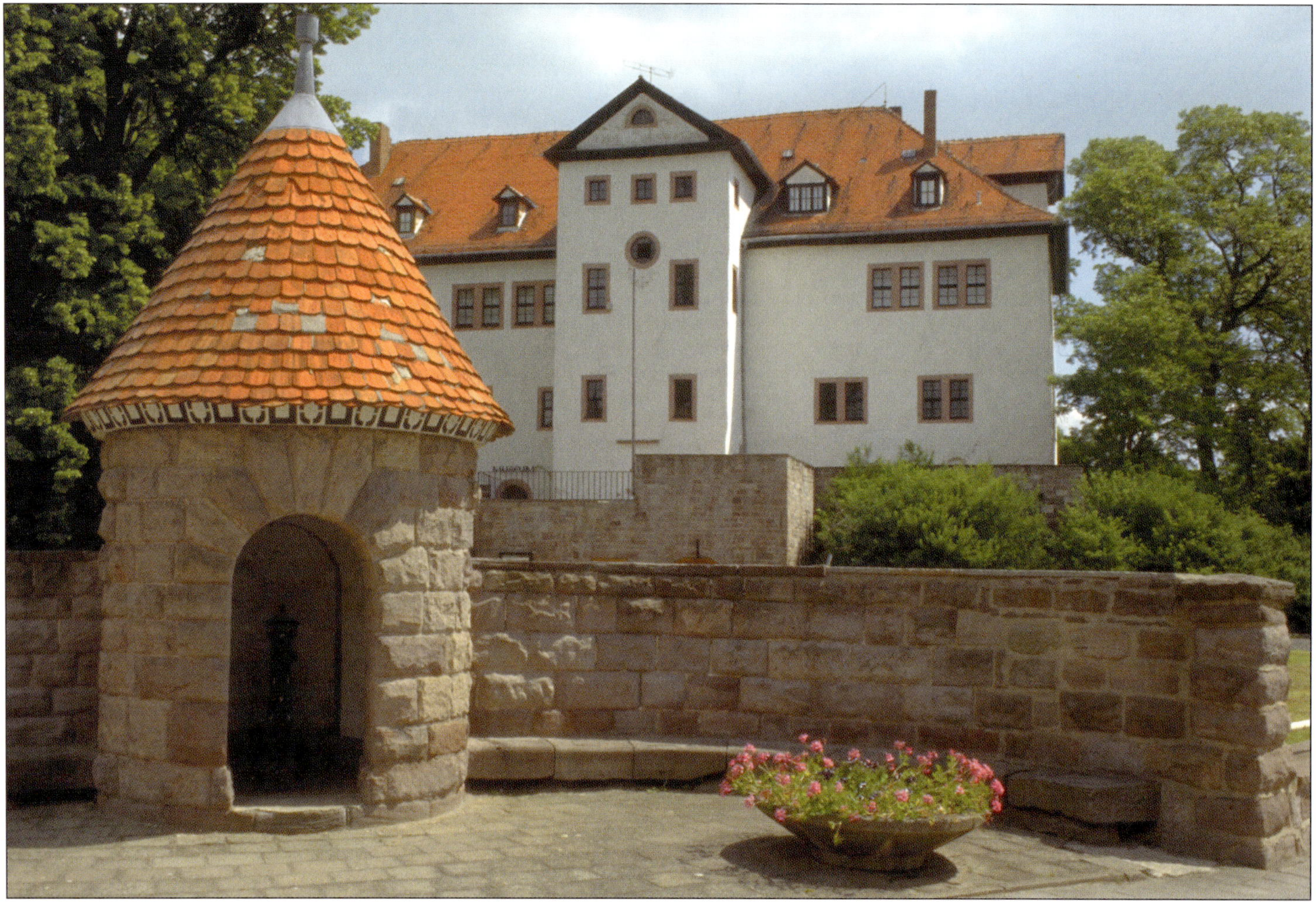

*Das Schloß in Bad Frankenhausen
beherbergt das Heimatmuseum
und das wunderschöne „Schloß-Café"*

„ZUM LANDGASTHAUS" Badra

Einst machte sich der Teufel auf, um die Umgebung des Harzes zu besichtigen. Mit einem Schritt überquerte er die Goldene Aue und stand auf dem Stöckey oberhalb von Badra. Der Satan verzog das Gesicht, ein Stein im Stiefel drückte ihn gewaltig. Unten im Dorf hatten die Leute die riesige Gestalt auf dem Berg bemerkt. Ängstliche Rufe schallten zum Teufel herauf. Das Geschrei ärgerte ihn, er holte den Stein aus dem Stiefel und warf ihn in Richtung des Dorfes, verfehlte es aber in wütender Hast und so plumpste der Brocken am Rande des Stöckeys auf, und weil er so unheiligen Ursprungs sein soll, nennt man ihn die Teufelskanzel.

Da in jeder Sage ein Stückchen Wahrheit steckt, vermutet man, daß in frühgeschichtlicher Zeit hier eine Kultstätte bestand, ein Ort also, dessen geheimnisvolles Image von Generation zu Generation weitergegeben wurde, so daß sich Sagen und Legenden entwickeln konnten.

Abseits des hektischen Weltgetriebes entdeckt man etwa 8 Kilometer nordöstlich von Sondershausen zu Füßen des Kyffhäusergebirges das stille und liebenswerte Dörfchen Badra. Natürlich hat dieser Ort wie jeder andere auch seine Geschichte. In grauer Vorzeit gehörte die Siedlung zum germanischen „Nabelgau", abgeleitet von „Niederung" oder „Nebel". Mit der Einführung des Christentums kam Badra zum „Bann Frankenhausen" und wurde der westlichste Punkt dieses Gebietes. Heinrich der Löwe zählte im 12. Jahrhundert den Ort zu seinen Besitzungen und so wird Badra auch in einer Urkunde im Jahre 1197 erwähnt, da wurde nämlich der Verkauf von 2 Hufen Land an das Kloster Walkenried bestätigt.

Badra muß damals doch ziemliche Bedeutung besessen haben, denn die Grafen von Beichlingen-Rothenburg hielten 1255 daselbst ein „Gaudinggericht" ab. Flurbezeichnungen wie „Auf dem Rademanne" weisen darauf hin, daß in Badra ein „Landding", eine Gauversammlung, stattfand, wo Recht gesprochen und Gesetze beraten wurden. Diese Einrichtung bestand immerhin mehr als einhundert Jahre. Auf der „Numburg" in der Nähe des Dorfes soll einst auch eine Kirche St. Petri gestanden haben, die als Wallfahrt großen Zulauf hatte, weil man dort bis zu 30 Tagen Ablaß von den Qualen des Fegefeuers bekam, sagt die Legende.

Mit dem Ablaßunfug machte die Reformation Luthers gründlich Schluß und auch in Badra faßte die neue Lehre schnell Fuß. Bis ins hohe Mittelalter war das Kloster Walkenried für die geistliche Betreuung der Badraer zuständig, weltlich wechselten die Herrengeschlechter häufiger und so wurde das Dorf mit allem toten und lebenden Inventar einschließlich der Menschen oft zum Pfand oder Kaufgegenstand. Die Entstehung des Ortsnamens erzählt eine weitere Sage.

So soll ein Müller namens Bard zuerst im Tal eine Mühle gebaut haben, als sich danach Bauern ansiedelten, kam ein Prediger namens Badre dazu und so wurde der Ort Badra genannt. Die bunte Vielfalt der doch recht interessanten Dorfgeschichte erfährt der Besucher bis ins Detail von Siegfried Lange, einem hervorragenden Kenner der Regionalhistorie und Historiker mit Leib und Seele, und nach Anmeldung vermittelt der pensionierte Lehrer dem neugierigen Gast gern Wissenswertes und Anekdotisches aus der Geschichte Badras.

Unbedingt sollte man der „Badraer Schweiz" einen Wanderbesuch abstatten. Direkt hinter dem Dorf, nach Norden zu, steigen die Höhen empor und bieten einen wunderschönen Ausblick auf das Tal und die Region des Kyffhäusers wie auch die Sondershäuser Waldberge. Eine interessante und seltene Flora, merkwürdige Felsbildungen und weitere Naturbesonderheiten machen den Reiz dieses Areals aus, und auch hier steht Siegfried Lange als kundiger Führer zur Verfügung.

Nach einer Wanderung durch Dorf und Umgebung machen sich Hunger und Durst bemerkbar. Grund genug, sich nach einem erholsamen Platz umzusehen. Am Ortsausgang in Richtung Kelbra fällt dem Besucher das schmucke neue Landgasthaus auf, fordert geradezu zum Nähertreten auf.

Ursprünglich stand hier ein Bauerngehöft, in den letzten Jahren unbewohnt und somit dem Verfall preisgegeben. Der Wirt des heutigen Landgasthauses besorgte damals die Kantine des Sportvereins im Dorf. Und genau dort wurde am Stammtisch die Idee entwickelt, Badra ein ordentliches Gasthaus zu verschaffen. Dafür bot sich das leerstehende Gehöft geradezu an. Intensiv wurde besichtigt, beraten, vermessen, geplant und schließlich angepackt.

Am 1. September 1992 begann man mit dem Neubau, nachdem die Spitzhacke im und am alten Gehöft ihr Teil geleistet hatte. Fast zwei Jahre arbeiteten die Jahns am Neubau. Man kann sich die Freude aller Beteiligten gut vorstellen, als das Haus am 1. Juni 1994 festlich eröffnet wurde.

Ein Dorfgasthaus lebt nicht nur vom Bier allein. Sein Markenzeichen ist immer auch die Küche und genau die kann man jedem Besucher getrost empfehlen. Hier gibt es nämlich kein „fast food", wie es mancherorts üblich ist, hier wird jedes Gericht frisch zubereitet und zwar nach überlieferten Haus- und Familienrezepten.

Genau diese Thüringer Hausmannskost hat sich viele Liebhaber erobert, seien es nun ganz spezielle Wildgerichte oder auch das berühmte „Halb und Halb" (Rind- und Schweinefleisch), das Studium der Speisekarte macht die Entscheidung ohnehin nicht leicht.

So ist also im Talesgrund in Badra im Landgasthaus gut sein, dafür bürgt Familie Jahn.

Sie sorgt mit ihrer Gastfreundschaft dafür, daß der Gast Gefallen am Dorf und seiner reizvollen Umgebung findet, und sollte man zu einem längeren Besuch angeregt werden, vermitteln die Jahns auch gute und bequeme Übernachtungen. Auf diese Weise wird Badra jedem Besucher in guter Erinnerung bleiben.

„Zum Landgasthaus"

Besitzer: Fam. Jahn
Hauptstr. 5, 99706 Badra
Tel.: 03632 / 60 23 81

geöffnet: Mo.–Fr. ab 9.00 Uhr
　　　　　Sa.–So. ab 10.00 Uhr

Gaststube 25 Pl.
Terrasse 20 Pl.
Eisdiele 8 Pl.

Parkplatz am Haus
Übernachtungsvermittlung

Landschaft um Badra – ländlicher Frieden pur

Das neue wunderschöne Landgasthaus zu Badra

SCHLOSSHOTEL-AKADEMIE
Beichlingen

Auf der B 85 durchfährt man von Kölleda in Richtung Bad Frankenhausen das Dorf Schillingstedt. Hier zweigt die Nebenstraße nach Beichlingen ab. Nur wenige Kilometer sind es, dann taucht am Südhang der Schmücke, einem Höhenzug, der der Hohen Schrecke vorgelagert ist, die mächtige Burg Beichlingen auf – ein Bauwerk, das sich kein Tourist entgehen lassen sollte, wenn er das in diesem Band beschriebene Gebiet erkundet.

Schier uneinnehmbar ragen Mauern und Gebäude in den Himmel und allein dieser erste Eindruck bringt mit sich, daß man die hohe Baukunst früherer Zeiten bewundert. Die Deutung des Namens führt zu dem althochdeutschen Namen „Bichilo", der in Verbindung steht mit dem Begriff „hauen/stechen" und richtig sollen hier einst auch Leute gewohnt haben, die sich durch ihre besondere Rauflust auszeichneten.

Rauflustig waren die Grafen von Beichlingen im Sinne des Wortes wohl nicht so sehr, dafür gehörten sie aber im Mittelalter zu den mächtigsten Grafengeschlechtern Thüringens und die Grafschaft Beichlingen war der größten eine im Lande. Frauen spielten bei den Beichlingern stets eine große Rolle, dem Vernehmen nach waren die Gräfinnen außerordentlich schön, was im Jahre 1014 den Grafen Werinhar von Balbeck veranlaßte, die Gräfin Reinhilde, die alle seine Anträge stolz zurückgewiesen hatte, mit einigen Gefährten aus Burg Beichlingen zu entführen. Der liebestolle junge Mann wurde entdeckt, riß in letzter Not aus, wobei er sich arg verletzte, während seine Gesellen Reinhilde mitnahmen. Der Kaiser war erzürnt und wollte Werinhar belangen, aber der war seinen Verletzungen erlegen und Reinhilde kehrte gewissermaßen unversehrt nach Beichlingen zurück.

Die Geschichte der Grafen von Beichlingen ist ein Musterbeispiel par excellence für die Geschichte des Adels im Mittelalter, und wer schon die Stammburg besucht, sollte sich keinesfalls die bemerkenswerte Publikation von Dr. J. Martin „Die Historie des Schlosses Beichlingen" entgehen lassen.

Über viele Jahrhunderte wurde an der Burg gebaut und auch umgebaut. Das wohl älteste Gebäude steht in der Kernburg, es ist das „Hohe Haus", das wahrscheinlich schon zur Stauferzeit, also um 1150, gestanden hat. Der gewaltige Steinbau, 32 Meter lang, 17 Meter breit und 15 Meter hoch (ohne das Dach) gehört zu den größten Burggebäuden oder Kemenaten Thüringens. Um das „Hohe Haus" angeordnet erheben sich die weiteren Gebäude des Schlosses, die von Wolfgang von Werthern ab 1543 nach Vorbildern der Renaissancebaukunst Italiens konzipiert wurden. Die Beichlinger hatten sich nämlich dermaßen verschuldet, daß die einst so mächtigen und stolzen Grafen das Stammschloß 1519 an das Geschlecht derer von Werthern abgeben mußten.

Wolfgang von Werthern war es auch, der eine Tafel anbringen ließ, auf der in Latein geschrieben steht „Beichlingen, von den Römern gegründet, eine sehr alte Burg ...". So wechselvoll auch die Geschichte der Burg war, sie blieb stets von gravierenden Zerstörungen verschont, obwohl Bauernkrieg, 30jähriger Krieg und auch die Befreiungskriege nicht spurlos an Beichlingen vorübergingen.

Aus der langen Reihe derer von Werthern sei hier nur Georg genannt. Er wurde am 5. September 1581 geboren und gehörte zu den geschicktesten Diplomaten, die zu dieser Zeit Politik machten. Der sächsische Kurfürst Johann Georg I. zog diesen außerordentlich klugen Mann an sich und ernannte ihn zum Geheimen Rat und Außerordentlichen Gesandten und unter vielen anderen gelösten Problemen sei hier nur der Prager Frieden vom 20.5.1635 genannt, der Georg von Werthern zu danken ist.

Unbedingt sollte man sich einer Führung durch die Schloßanlage anvertrauen, hier wird dem Besucher die lange und hochinteressante Geschichte von Beichlingen anschaulich nahe gebracht. Bei vielen Gästen, die die Burg besuchen, wird der Wunsch lebendig, hier oben einmal in der herrlichen Umgebung der ausgedehnten Laubwälder und in luftiger Höhe in romantischen Schloßgemäuern auszuspannen, sich gewissermaßen auch einmal als Burgbewohner zu fühlen.

Dieser Wunsch ist durchaus realisierbar, denn im Renaissancebau Wolfgang von Werthern befindet sich das wunderschöne Schloßhotel mit historischen Restaurant-Räumen, einem zauberhaften Lokal mit Veranda im uralten Schloßgarten und originell gestalteten Zimmern, die in jeder Hinsicht dem Gast das Gefühl geben, etwas ganz Besonderes zu sein – nicht nur Burgbewohner schlechthin sondern sogar eher Schloßherr.

Hier ist so recht ein Platz, um einmal den Streß des Alltags weit hinter sich zu lassen. Das liegt auch an der ruhigen Lage des Hauses, die dennoch infolge der günstigen Verkehrsanbindung Ausflüge nach Bad Frankenhausen, den Kyffhäuser, die Hainleite, die Hohe Schrecke und natürlich auch nach Erfurt, Weimar oder Naumburg anbietet.

In geselliger Runde bei einem guten Essen, das hier selbstverständlich nach Thüringer Rezepten zubereitet wird, treffen sich die Gäste und lassen die Erlebnisse in und um die alte Burg Revue passieren, und wer sich bei einer Flasche guten Weins in Träume verliert, dem kann durchaus plötzlich der legendäre Marschall Vorwärts, der alte Blücher, erscheinen, der am 23.10.1813 hier übernachtete, nachdem er dem Schloßherrn offenbart hatte: „Entschuldigen Sie, ich habe auf dem Herritt von Eckartsberga ein wenig bei Ihnen gewilddiebt und mit meinen Hunden diese Hasen statt der sehr vielen flüchtigen Franzosen gehetzt ...". Und dann wird dem Träumer auch Kaiser Wilhelm I. erscheinen, der ebenfalls hier war und sich nach 60 Jahren noch erinnerte: „Ein gastliches Schloß zwischen Eckartsberga und Sömmerda."

Jürgen Wittnebert und sein Team setzen ihren ganzen Ehrgeiz daran, einen Aufenthalt auf Schloß Beichlingen zu einem unvergeßlichen Erlebnis für den Gast werden zu lassen. Das beweisen die vielen Danksagungen für wunderschöne Tage in diesem historischen Haus, das beweisen die Gäste, für die Schloß Beichlingen schon längst einen festen Platz im Reiseplan für Thüringen besitzt.

Schloßhotel-Akademie Beichlingen

Geschäftsführer: Jürgen Wittnebert
Str. d. Friedens 70, 99625 Beichlingen
Tel.: 03635 / 45 60

geöffnet tägl. 11.00 – 24.00 Uhr

Restaurant 66 Pl.
Bierbar 35 Pl.
Garten 100 Pl.
Roter Salon 18 Pl.
Grüner Salon 12 Pl.
Parkettsaal 55 Pl.
Goldener Salon 25 Pl.
Rittersaal Hohes Haus 35 Pl.

13 1-Bettzimmer
15 2-Bettzimmer

Parkplatz

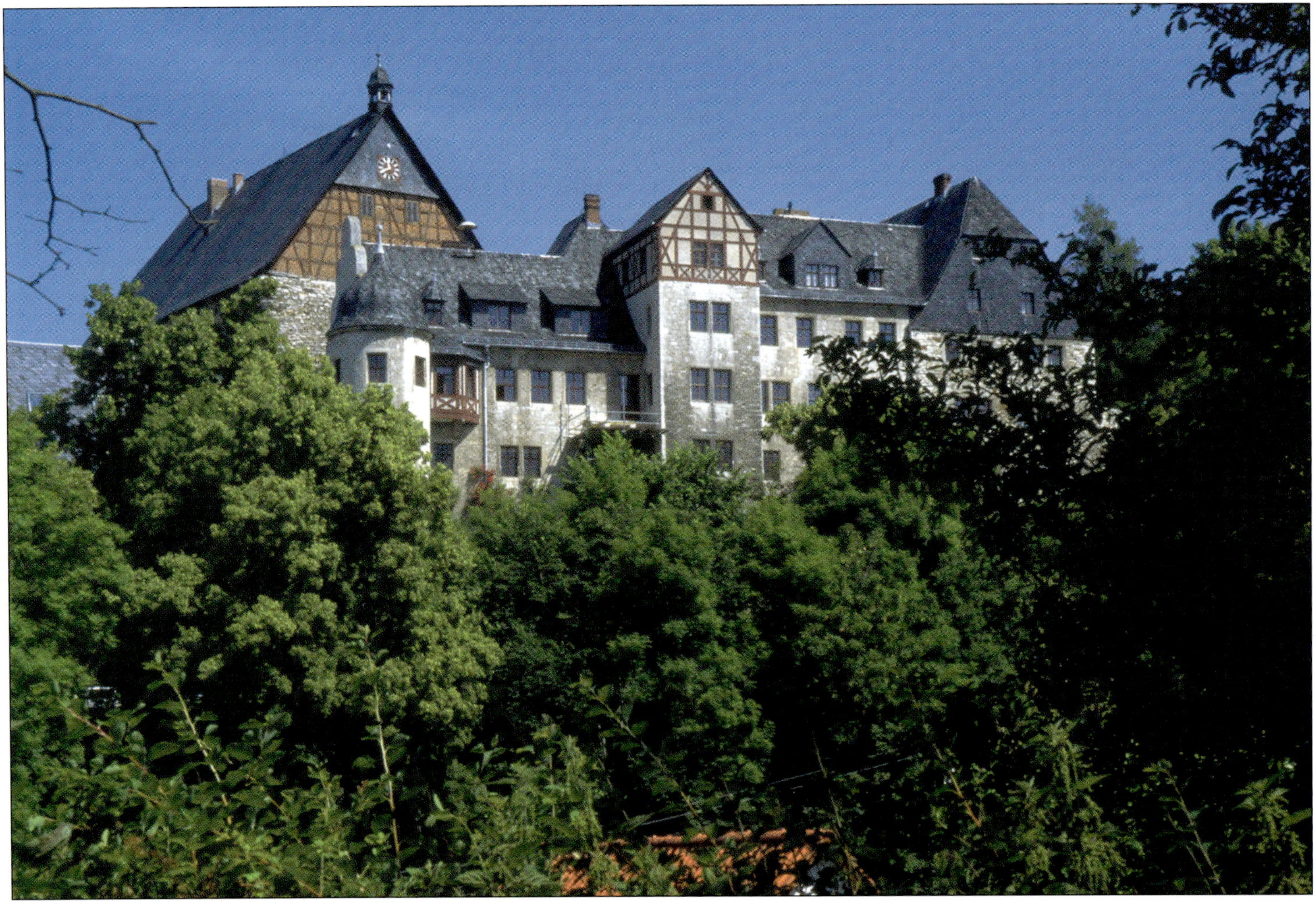

Schloß Beichlingen – Thüringer und deutsche Geschichte und zugleich Romantik und gepflegte Gastronomie – hier kann man es sich wohlsein lassen.

GASTHAUS & PENSION „RUSTIKAL"
Berka/Wipper

Die Waldhöhen der Hainleite schließen das Wippertal südlich des sauberen und freundlichen Dorfes Berka ab, eines Ortes, den man man unbedingt auf den Erkundungsplan setzen sollte. Berka kann zunächst den Ruhm für sich in Anspruch nehmen, daß es möglicherweise Anteil daran hat, Deutschlands Dichterfürsten Goethe hervorgebracht zu haben – und so abwegig ist das wieder nicht, immerhin wurde der Urgroßvater des Dichters 1633 in Berka geboren.

Hans Christian Goethe war ein wackerer Mann, seines Zeichens Hufschmied und er genoß später in Artern hohes Ansehen als Ratsmann der Stadt. Eine Gedenktafel erinnert an den Ahnen des Dichters und Weimarer Geheimrates und also ist das kleine stille Berka in direkter Linie mit der großen deutschen Nationalliteratur verbunden. Als Goethes Urgroßvater hier zur Welt kam, bestand das Dorf aber schon weit über 500 Jahre, zumindest wird der Ort urkundlich erstmalig im Jahre 1128 als „Bercha" erwähnt.

Zu dieser Zeit residierte auf einer kleinen Burg Dietrich von Berka, der von den Grafen zu Lohra abstammte und der ein Enkel des Thüringer Landgrafen Ludwig war. Als der Nachwuchs Dietrichs ausblieb, starb damit das Geschlecht aus. So kam Berka in den Besitz des Stiftes Jechaburg und wurde im Verlaufe einiger Jahrhunderte zum begehrten Tauschobjekt verschiedener Adelsgeschlechter.

Herren kamen und gingen, die Berkaer Bauern blieben bodenständig und heimatverbunden. Man trieb Ackerbau und Viehzucht, der Wald lieferte Holz, die Wipper trieb die Mühle und mit Sicherheit geriet auch hin und wieder ein Reh oder ein Hase in die Pfanne, nur durfte man sich nicht vom herrschaftlichen Jagdvogt ertappen lassen. Das ging so lange gut, bis der Bauernkrieg auflöderte.

1525 wurde das Dorf geplündert und teilweise zerstört, das war die Rache der Fürsten für die Teilnahme der Berkaer an der Erhebung. Ein weiteres Schicksalsjahr war 1629, der Pest als grausamer Geißel in der Zeit des 30jährigen Krieges fielen viele Einwohner zum Opfer und zudem verwüsteten mehrere Brände Häuser, Ställe und Scheunen. Dennoch blieben die Berkaer ihrer Heimat treu und bauten ihr Dorf unverdrossen wieder neu. 1723 errichteten sie sich eine Kirche, die 1853 zum ersten Mal gründlicher Renovierung bedurfte. Und als 1867 der Gesangverein gegründet wurde, klangen oft die alten Weisen weit hinauf zu den Wäldern der Hainleite und erinnerten so an das Dorf an der Wipper.

1897/98 bekam das Dorf den Anschluß an die große weite Welt. Die Eisenbahnlinie von Sondershausen nach Artern wurde um einen Bahnhof reicher und der hieß nun „Berka/Wipper", um sich damit auch deutlich von den anderen Berkas in Thüringen abzuheben.

Für die Hausfrauen war es jahrhundertelang doch recht beschwerlich, das Wasser aus zum Teil abgelegenen Brunnen mühsam zu pumpen und heranzutragen. Mensch und Vieh brauchten das kostbare Naß und so kam es, daß sich die Berkaer 1902 ihre erste Wasserleitung bauten, sie führte vom „Gänseborn" ins Dorf. Dann vergingen wieder 22 Jahre, bis sich die Leute zu einer weiteren technischen Neuerung entschlossen. 1924 zog die Elektrizität in die Häuser ein und damit hatte das gute alte Petroleum ausgedient und die Kerzen fanden sich fortan nur noch in der Kirche und an den Weihnachtsbäumen wieder.

Wenn man sich die Chronik des Dorfes ansieht, kommt man zu dem Schluß, daß die Berkaer von jeher ein baulustiges Völkchen waren. Immer hatten sie etwas zu erneuern, zu errichten, anzulegen und das wirkte sich durchaus positiv auf das Dorfbild aus.

Heute ist Berka ein wunderschönes sauberes Dorf, durchaus als Ferienort geeignet, zumal von hier aus viele bemerkenswerte Ziele der Region erreichbar sind, zu Fuß, mit dem Rad, dem Auto und natürlich mit Bahn und Bus. Neben Wanderungen durch die zauberhafte Landschaft der Hainleite bieten sich Ausflüge nach Bad Frankenhausen, Sondershausen, dem Kyffhäuser, ins Unstruttal, zur „Straße der Romanik" oder in den Harz an.

Da ist es gut, wenn man in Berka ein Basisquartier kennt und das steht auch in Gestalt der freundlichen Pension „Rustikal" zur Verfügung. Das Haus wurde 1912 erbaut und diente zunächst als Wohnhaus einer Bauernfamilie. Nach 1945 übernahm der Konsum das Gebäude und nutzte es als Laden, aber nach dem Bau eines neuen Geschäftes wurde das Haus verlassen und stand nun leer.

Ein unbewohntes Haus stirbt, heißt es zu Recht, und damit wird es zum Schandfleck eines Ortes. Das sah sich Familie Hempel nicht mit an und so beschloß der Familienrat, sich des Hauses anzunehmen und darin eine Gastwirtschaft mit Pension einzurichten. Zwei Jahre Arbeit kostete es die Hempels, um dem alten Haus wieder Leben einzuhauchen. Die Bausubstanz war in erbärmlichem Zustand und manchmal werden sich die späteren Wirtsleute gefragt haben, ob die Sache überhaupt noch Sinn habe. Stück für Stück nahm die Sache aber doch Gestalt an. Wieviele Stunden persönlicher Arbeit aufgewendet wurden, vermag heute keiner genau zu sagen.

Am 5. März 1994 konnte die Gaststube eröffnet werden und am 7. Juli des gleichen Jahres die Pension mit ihren bequemen und freundlichen Zimmern. Das Haus trägt seinen Namen zu Recht. Urgemütlich ist der Gastraum ausgestattet. Der Hausherr hat sich vieles einfallen lassen, um den Gast nicht nur mit Speis und Trank zu verwöhnen.

Ringsum entdeckt man auf Wandborden historische Haus- und Küchengeräte, dominierend sind Kalisalzproben und bergmännische Utensilien, was auf die Profession des Hausherrn schließen läßt. So ist die Gaststube zugleich ein Museum en miniature und gewährt dem Gast Einblick in frühere Zeiten, und Vater Hempel ist als Berkaer auch baulustig, daher wird ein weiterer Gastraum mit einer Ausstellung historischer Rundfunkgeräte entstehen. Mutter Hempel, mit vieljähriger Erfahrung als Küchenchefin ausgestattet, sorgt mit Thüringer Spezialitäten für das leibliche Wohl, und für den Durst gibt es einen Ausflug nach Preußen in Form des süffigen herben Bieres aus der Rex-Brauerei zu Potsdam.

Das Haus ist familienfreundlich, sogar sein Haustier kann man in die Ferien mitbringen! Damit sind Gasthaus und Pension „Rustikal" der rechte Ort, um Berka und seine Umgebung kennenzulernen und hier Kräfte für anstrengende Arbeitsmonate zu sammeln.

Gasthaus und Pension „Rustikal"

Besitzer: Familie Hempel
Hauptstr. 16, 99706 Berka/Wipper
Tel./Fax: 03632 / 70 04 38

geöffnet: Do.–Di. 11.00–14.00 u. 17.00–23.00 Uhr
Mi. Ruhetag

Gaststube 24 Pl.
Vereinszimmer 12 Pl.

1 Suite b. 5 Pers.
2 2-Bettzimmer (Aufb. mögl.)
2 1-Bettzimmer

Parkmöglichkeit am Haus

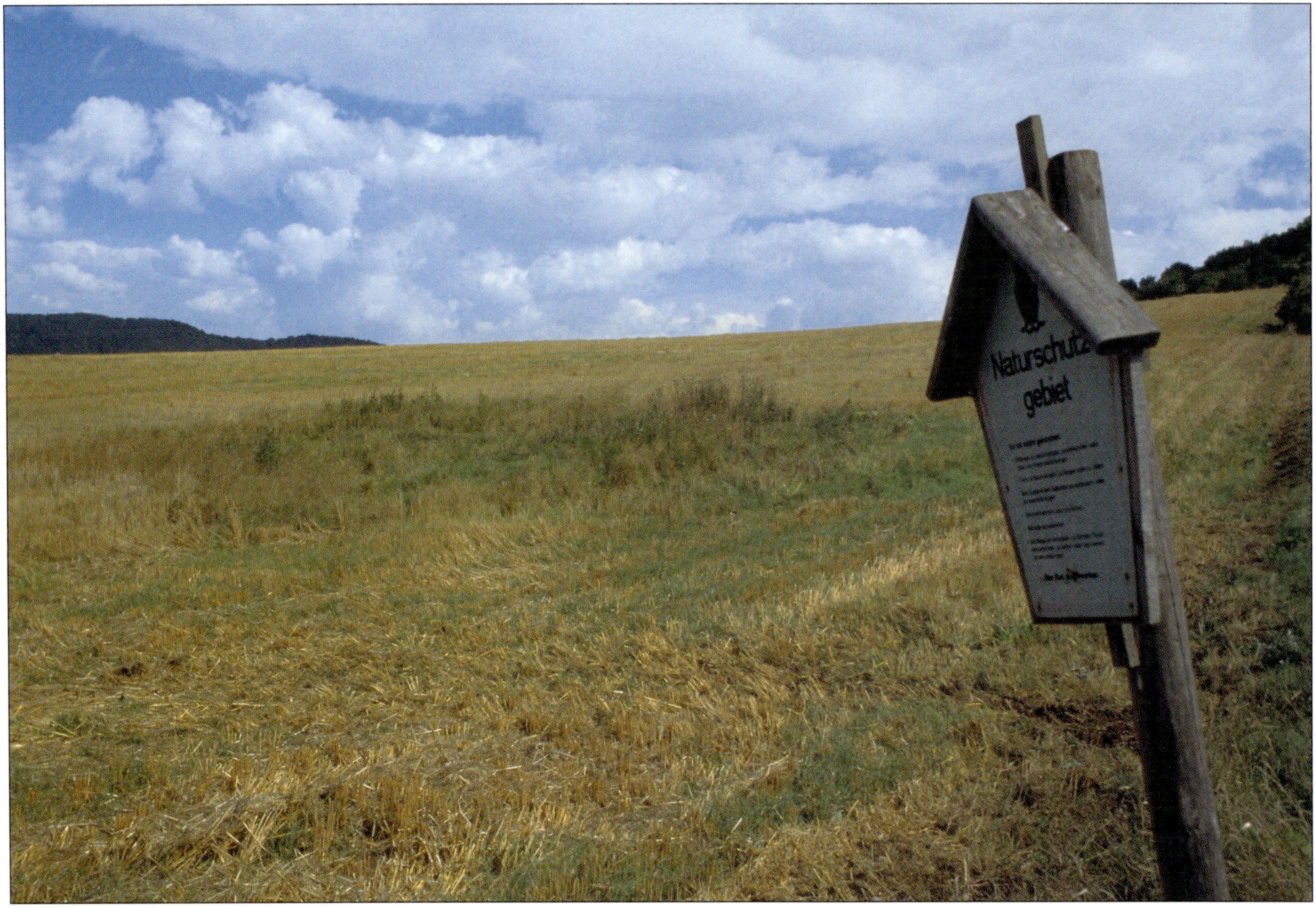
Naturschutz
gebiet

Klein aber fein – damit ist die Familienpension „Rustikal" in Berka am besten beschrieben.

Ausgedehnte Wanderungen durch die freundliche Landschaft der östlichen Hainleite sind von Berka aus möglich, dem Ort, in dem der Urgroßvater des deutschen Dichterfürsten Goethe zur Welt kam.

HOTEL „CONFIDENZ"
Bleicherode

Das Siegel der Stadt Bleicherode stammt in seiner ältesten Form aus dem Jahre 1457. Ein Ritter im Harnisch, in der Rechten das Schwert und in der Linken den Schild haltend, symbolisiert Hoheiten und Herrschaften der Stadt. Der Schild trägt ein Schachbrettmuster und eben das verweist auf die Grafen von Honstein, die „Blicherode" zur Stadt erhoben, sich dennoch die Gerichtsbarkeit vorbehielten, denn das Schwert zeigt mit der Spitze nach unten.

Es ist unglaublich, was alles in dem freundlichen Städtchen zu entdecken ist, wenn man offenen Auges durch die Strassen und Gassen streift, wie sich Geschichte und Werden eines Gemeinwesens offenbaren. Unübersehbar das Rathaus der Stadt, das sich die Bleicheröder von 1540–41 erbauten. Der Baumeister Heinrich Wedler entwarf das Haus und leitete den Bau. Das erste Rathaus stand bis zum 3. Oktober 1632, da verwüstete ein Brand das Gebäude. Aber bereits 1633–34 bauten die Bürger das Haus wieder auf und so stand es denn auch bis 1831. Dann setzte ein überhitzter Schornstein den Dachstuhl in Brand, aber auch das wurde schnell wieder instandgesetzt. Nach einem Entwurf des Landeskonservators Hiecke wurde schließlich 1910–11 der Dachreiter mit Uhrturm aufgesetzt und seitdem ist das Bleicheröder Rathaus ein beliebtes Fotomotiv.

Die Stadtkirche „Sancta Maria beata virgin" ist eine weitere Sehenswürdigkeit. Sie entstand aus einer Wehrkirche, vermutlich schon im 13. Jahrhundert, und wurde 1411 mit einem gotischen Anbau erweitert. Bemerkenswert ist das Geläut, immerhin stammen die Glocken aus den Jahren 1372, 1395 und 1471.

Gut beraten ist der Tourist, der sich den sachkundigen Ratschlägen des städtischen Informationsamtes anvertraut und auf diese Weise den Weg zu weiteren sehenswerten Gebäuden findet, wie zum Beispiel der Katholischen Kirche, die im Februar 1909 geweiht wurde, oder zum Heimatmuseum, das liebevoll in einem einstigen Bauernhaus eingerichtet wurde und in dem man viel Wissenswertes über Bleicherode in Erfahrung bringen kann.

Das evangelische Pfarramt im niedersächsischen Baustil ist ebenso sehenswert wie das Haus II der Stadtverwaltung, das einst als Kaiserliches Postamt errichtet wurde.

Der Hagen ist der älteste Stadtteil, hier kann man ausgezeichnet erkennen, wie früher in Bleicherode gebaut und gelebt wurde. Daß die ausgezeichneten klimatischen Bedingungen um die Bleicheröder Berge sogar dazu führten, einen Kurbetrieb aufzunehmen, beweisen die freundlichen Parkanlagen, die an heißen Tagen im Sommer wohltuende Erfrischung bieten. Im Schatten alter Bäume ist gut nachdenken über das Werden des Städtchens und gern wird mancher Bleicheröder dem Gast viel erzählen, so zum Beispiel, weshalb die Leute hier zu ihrem weithin bekannten Spitznamen „Schneckenhengste" kamen. Das Knappschaftskrankenhaus verweist auf den Kalibergbau, der immerhin fast 90 Jahre mit großem Erfolg betrieben wurde. Von 1902 bis 1991 wurden die wertvollen Salze in einer weithin sichtbaren Schachtanlage gewonnen und so nimmt es auch nicht wunder, daß ein Großteil der Männer von Bleicherode einen bergmännischen Beruf erlernten.

Die wunderschöne Umgebung der Stadt wird geprägt durch die Bleicheröder Berge, die ihrerseits eine Vielzahl von besuchenswerten Zielen bieten. Hier seien nur genannt der Krajaer Kopf, die Löwenburg, die Vogelbergklippen oder der Windoldskopf. Vom Gebraer Kopf aus überblickt man die „Eichsfelder Pforte" zur gegenüberliegenden Hainleite und eine Vielzahl von Naturlehrpfaden erschließen die botanischen Besonderheiten dieses kleinen Muschelkalkgebirges. Auch für solche Ausflüge wird dem Touristen das Informationsamt mit Rat und Tat zur Seite stehen.

Hoch über der Stadt erhebt sich im Ensemble der Berge der Vogelsberg, von dem herab das Hotel „Confidenz" weithin ins Land schaut. Umgeben von herrlichen Laubwäldern mit freiem Blick nach Norden ist dieses Haus ein guter Platz, um einmal auszuspannen und in Ruhe und Besinnung den Streß des Alltags hinter sich zu lassen. Immer wieder erlebt man, daß die Gäste, kaum daß sie die Terrasse des Hauses betreten, zunächst verstummen, weil sie der wunderschöne Ausblick fesselt. Gewissermaßen aus der Vogelperspektive schaut man hinab auf die Stadt und hinüber zu den gegenüberliegenden Erhebungen der Bleicheröder Berge. Dann aber eröffnet sich über Felder, Wiesen und sanfte Höhen hinweg ein Fernblick zum Harz, der sich in seiner ganzen majestätischen Schönheit dem Auge darbietet und „Vater Brocken" grüßt den Betrachter deutlich sichtbar.

Genau diese herrliche Aussicht mag den Weber Karl Büschlepp bewogen haben, hier zunächst eine einfache Laube zu errichten, und weil es die Leute aus der Stadt auf den Vogelsberg zog, beantragte Büschlepp eine Ausschankkonzession, die er am 4. April 1792 erhielt. Das war der Beginn der Geschichte des heutigen Hotels „Confidenz". Der Ausschank auf dem Berg zog vor allem an Wochenenden unzählige Besucher an, die sich hier im Schatten der alten Bäume bei einem erfrischenden Umtrunk an der wunderschönen Natur erfreuten.

Mehrfach wechselten die Besitzer bis der Braumeister Max Engelmann um die Jahrhundertwende das Anwesen erwarb. Engelmann wußte den Wert des Lokals richtig einzuschätzen. Eine Veranda wurde errichtet, ein Musikpavillon folgte. Nun konnten hier Konzerte ge-boten werden. Dann kam eine Freitreppe und ein Kaffeegarten hinzu, und Bleicherode war um eine gastronomische Attraktion reicher.

Es wurde Ehrensache für jede ehrbare Familie, dem „Waldschlößchen" regelmäßige Besuche abzustatten und hier fröhliche und beschauliche Stunden zu erleben.

1968 verkaufte Engelmanns Sohn Heinz das Haus an das Kaliwerk. Die Firma ließ es mehrfach um- und ausbauen. Ab 1992 wurde es endgültig zu einem Hotel umgebaut und am 1. Oktober 1994 eröffnete Familie Ode das „Confidenz" zur Freude unzähliger Gäste und Besucher der Stadt. 4 Sterne trägt das Hotel und die zu Recht, das beweisen die Eintragungen im Gästebuch und die mittlerweile recht zahlreichen Stammgäste, die das „Confidenz" als repräsentatives Haus für Bleicherode zu schätzen wissen.

Hotel „Confidenz"

Lothar und Marina Ode GBR
Förster-Genzel-Str. 4, 99752 Bleicherode
Tel.: 036338 / 380, Fax: 036338 / 3 81 00

geöffnet tägl. ab 11.30 Uhr

Spezialitäten-Restaurant „Waldschlößchen" 60 Pl.
Bierbar „Zillestube" 34 Pl.
Café 90 Pl., Terrassencafé 80 Pl.
Bankettbereich 90 Pl., Tagungsbereich 5–90 Pl.

26 2-Bettzimmer
3   1-Bettzimmer
2   Appartements
1   Business-Zimmer
5   Ferienbungalows m. 20 Betten

Parkplätze am Haus
Sauna, Tauchbecken, Solarium,
Röm. Dampfbad, Sonnenterrassen,

*Hoch über Bleicherode
liegt das Hotel „Confidenz",
es garantiert gepflegten
und ruhigen Aufenthalt.
Bestechend sind die Fernblicke
bis hinüber zum Brocken.*

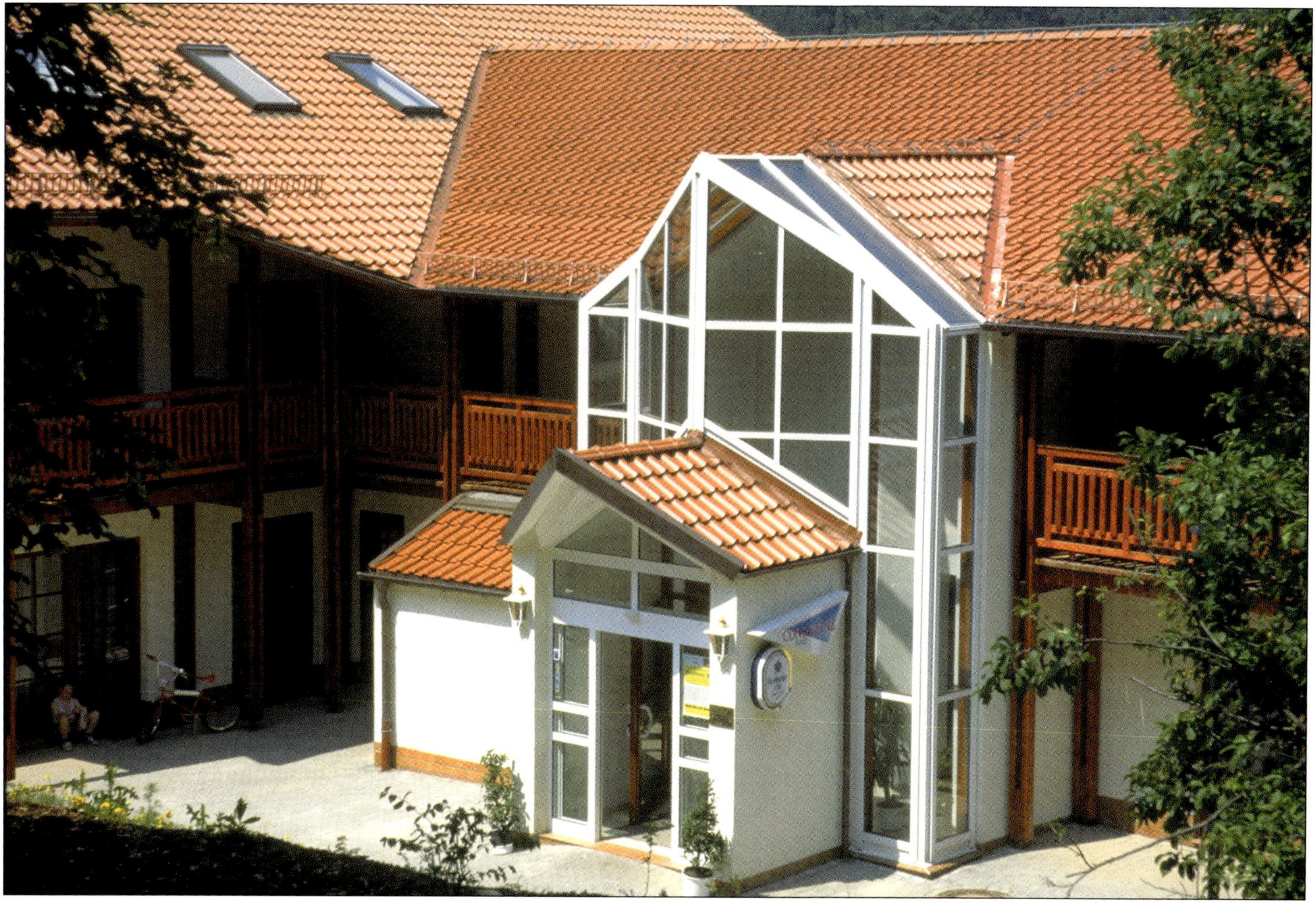

HOTEL „BERLINER HOF"
Bleicherode

Gegenüber den westlichen Ausläufern der Hainleite fallen dem Touristen mehrere bewaldete Tafelberge auf, die sich nördlich der Wipper erheben. Dies sind die bekannten Bleicheröder Berge, ohne die das Ensemble der Hainleite-Landschaft nur unvollständig wäre.

In grauen Vorzeiten wogte hier einst ein riesiges Meer und als das verging, blieben die gewaltigen Mengen der Schalen der Krustentiere zurück und bildeten in der Folge den Muschelkalk. Die Dimensionen von Zeit und Menge werden durch eben die Bleicheröder Berge eindringlich sichtbar und immer wieder steht man staunend vor dem Wirken der Natur und kommt sich doch recht klein und unbedeutend vor, gemessen an den Zeiträumen, die zur Bildung solch gewaltiger Berge führten.

Die Bleicheröder Berge sind ein kleines aber dafür sehr feines Gebiet für den Wander- und Naturfreund, denn hier kann man nach Herzenslust durch ausgedehnte Laubwälder streifen, steile Höhen erklimmen und die Stille der Natur genießen. Allerdings bedarf es doch zeitweise recht guter körperlicher Verfassung, bis man oben auf den Höhen steht. Der Lohn sind unbeschreiblich schöne Aussichten sowohl ins Wippertal als auch hinüber zur Hainleite und auf der anderen Seite zum mächtigen Panorama des Harzes.

Zwischen den Bleicheröder Bergen und der Hainleite befindet sich der westliche Wipperdurchbruch, auch weithin als „Eichsfelder Pforte" bekannt. Viele Kilometer östlich davon hat sich der Fluß ein weiteres Mal durch die Berge gegraben, nämlich an der „Thüringer Pforte" bei Seega.

Die Stadt Bleicherode entpuppt sich als freundliches und zugleich doch recht lebendiges Kleinstädtchen, das mit einer Vielzahl historischer Sehenswürdigkeiten wie auch mit einer langen Geschichte aufwarten kann.

1130 taucht der Ortsname erstmalig in den Urkunden auf. Ein Mann namens Blicher hatte hier eine Rodung angelegt, lassen die Historiker wissen. 1322 erhielt das Straßendorf Blicherode begrenzte Stadtrechte von den Honsteiner Grafen, nun hatte man Fischereirechte, durfte eine eigene Stadtverwaltung einrichten, jährlich vier Märkte abhalten und sogar ein eigenes Siegel und eigenes Wappen führen.

Die Markttradition hat sich bis in die Gegenwart erhalten, jedenfalls ist Bleicherode auch heute noch ein beliebtes Einkaufszentrum für die gesamte Umgebung, und ehe eine Familie aus den umliegenden Dörfern in die Kreisstadt fährt, sieht man sich zunächst erst einmal in „Blicherode" – so sagt man mundartlich immer noch – gründlich um.

Natürlich hatten auch die Bleicheröder ihre Höhen und Tiefen in der Geschichte. Die Pest machte ihnen im späten Mittelalter immer wieder arg zu schaffen und die berüchtigten Pappenheimer, die auch Schiller im „Wallenstein" agieren läßt, plünderten und brandschatzten im 30jährigen Krieg das Städtlein gründlich, das war akkurat am 3. Oktober 1632.

Die Bleiceröder sind in der Gegend gut als die „Schneckenhengste" bekannt. Mit diesem Namen haben die Pappenheimer ursächlich zu tun, denn nach der Heimsuchung durch die Kaiserlichen standen die Bleiceröder vor dem wirtschaftlichen Aus. Ein Kaufmann, weitgereist und welterfahren, berichtete, daß man in Frankreich Weinbergschnecken als Leckerbissen verspeisen würde. Das schien den Bürgern zunächst unglaubhaft, aber ein anderer hatte in Leipzig auf der Messe beobachtet, wie die Franzosen ganze Wagenladungen dieser Kriechtiere kauften. Die im Krieg verwilderten Berggärten über der Stadt waren mittlerweile zur Heimstatt unzähliger Weinbergschnecken geworden. Der Mann sammelte also die Schnecken ein, züchtete sogar noch weitere dazu und verkaufte sie tatsächlich mit einigem Gewinn. So machten sich die Bleiceröder daran, entwickelten regelrecht die Zucht und den Vertrieb der Schnecken und handelten sich neben dem Verdienst auch noch ihren Spitznamen ein. Unbedingt sollte man bei einem Besuch der Heimatstube oder des Informationsamtes der Stadt nach diesem Spitznamen fragen, um erschöpfende Auskunft, verbunden mit vielen lustigen Geschichten zum Thema, zu erhalten.

Fast hundert Jahre prägte der Kalibergbau die Stadtgeschichte und sorgte dafür, daß Bleicerode nicht nur in Gourmetkreisen sondern auch bei Industrie und Landwirtschaft hochgeschätzt wurde. Daß die „Schneckenhengste" ein überaus fröhliches Völkchen sind, beweisen übrigens auch die weitbekannten Bleiceröder Karnevalsveranstaltungen, die jedes Jahr unzählige Freunde volksverbundenen Spaßes anziehen.

Dem müden Wanderer öffnet das Hotel „Berliner Hof" freundlich die Pforte, ein Haus, das so ganz in der Tradition der Stadt steht und demzufolge auch auf eine lange Geschichte zurückblicken kann. Schon ausgangs des 18. Jahrhunderts kehrten die Bauern, die den Markt zu Bleicerode besuchten, gern in der „Schenke" ein, um sich zu stärken oder Geschäfte zu besprechen. In unmittelbarer Nähe befand sich eines der Stadttore Bleicerodes, weshalb man den Gasthof nach seinem Besitzer „Steinecke unterm Tore" nannte.

1882 kaufte der Gastwirt Karl John das mittlerweile weitbekannte Haus und führte es in der guten Qualität weiter. Wöchentliche Schlachtfeste mit freiem Fleisch- und- Wurstverkauf waren Höhepunkte, die sich keiner entgehen ließ.

Nach der Jahrhundertwende baute John das Haus um, ein Fachwerkstockwerk wurde aufgesetzt, die Torfahrt verändert und auch ein Saal kam dazu, der gewissermaßen zum kulturellen Zentrum der Stadt wurde, Konzerte, Theateraufführungen und gesellige Veranstaltungen prägten nunmehr den „Berliner Hof". 1912 setzte Karls Sohn Paul die Arbeit fort.

Nun wurde Bleicerode um ein Stadt-Café und ein Kino reicher, die von Paul John neben dem Haus „Berliner Hof" betrieben wurden, und das „Café John" ist vielen älteren Leuten im Kreis Nordhausen noch ein guter Begriff.

Nach einem Interregnum des ostdeutschen Konsums übernahm Udo Müller das traditionsreiche Haus, ließ es sanieren und modernisieren und heute ist der „Berliner Hof" zu Bleicerode eine ausgezeichnete Adresse, hier wird ein Besuch in der freundlichen kleinen Stadt harmonisch durch Gastfreundschaft und gepflegtes Ambiente zum unvergeßlichen Erlebnis geprägt.

Hotel-Restaurant „Berliner Hof"

Besitzer: Familie Müller
Hauptstr. 62, 99752 Bleicherode
Tel.: 036338 / 4 24 54, Fax: 036338 / 6 09 24

geöffnet tägl. ab 11.00 Uhr

Restaurant 80 Pl.
Café 30 Pl.
Vereinszimmer 50 Pl.

7 1-Bettzimmer
10 2-Bettzimmer (Aufb. mögl.)

Parkplatz am Haus

52

Der "Berliner Hof" zu Bleicherode ist in folge seiner langen Traditionsgeschichte zu einem Synonym für herzliche Gastfreundschaft nicht nur für die Stadt, sondern auch für Besucher aus anderen Gegenden geworden.

Quirlig und fröhlich bietet sich dem Besucher die Hauptgeschäftsstraße von Bleicherode. Rathaus und Kirche gehören zu den bedeutenden Bauwerken der Stadt.

RESTAURANT „ZUM LANDHAUS"
Ebeleben

„Wie sehr fühlt sich der Wanderer überrascht, wenn er vom Rande der Anhöhe aus plötzlich unter seinen Füßen eine weitverbreitete Ebene überschaut ... sie ist insgesamt von sanft aufsteigenden Bergen umschlossen, belebt durch einen Fluß, die Helbe ... der sich durch diese schlängelt und gegen Süden den Fuß eines Ortes umspült, der amphitheatralisch aufsteigt. Das Ganze vereinigt sich zu einem malerischen Bilde ... Und dieser freundliche Ort ist Ebeleben."

So pries bereits 1840 eine Beschreibung Thüringens das Städtchen, in das der Leser nun geführt werden soll. Ebeleben kann in der Tat das südliche Tor zur Hainleite genannt werden, von hier aus sind viele bemerkenswerte Ziele des Höhenzuges ausgezeichnet erreichbar wie Sondershausen, Bleicherode, Großlohra oder Hainrode.

Bonifatius, der Streiter für das Christentum, der vor allem Thüringen missionierte, soll, so berichtet die Legende, den Grundstein für die Bonifatiuskirche gelegt haben. Das fand im Jahre 718 statt. Der Name Ebeleben taucht dahingegen erst 1198 auf, als ein Ritter Fridericus de Ebeleben erwähnt wird. Seitdem sind die Ritter von Ebeleben zunächst bestimmend für die Entwicklung des Ortes. Unter anderem gründete Albert von Ebeleben 1272 im benachbarten Marksussra ein Zisterzienser-Nonnenkloster.

Vermutlich waren die Bauern und Handwerker von Ebeleben ein Völkchen, das es mit mancherlei Sünden nicht so genau nahm, auf jeden Fall wird berichtet, daß der Ablaßhandel im Mittelalter hier recht erfolgreich war.

Im Frühjahr 1525 kam Thomas Müntzer mit seinen Anhängern in den Ort und es sollen bis zu 12.000 Bauern aus der Umgebung gewesen sein, die den Predigten des Mühlhäuser Pfarrers zuhörten, und viele von ihnen entschlossen sich denn auch, Müntzer auf seinem Zug nach Frankenhausen zu folgen. Bis 1544 dauerte es aber noch, bis Hans von Ebeleben die Reformation hier einführte und das Kloster in Marksussra aufhob.

1611 wütete die Pest und etwa 200 Einwohner fielen der Geißel jener Zeit zum Opfer. Fünf Jahre später endete die lange Herrschaft der Ritter, nun waren die neuen Herren die Grafen von Schwarzburg-Sondershausen. Ihnen wird die Renovierung und Neueinrichtung des Schloßes zugeschrieben, aber bereits zwei Jahre später fielen kaiserliche und schwedische Truppen in Ebeleben ein, plünderten Ort und Schloß und richteten erhebliche Verwüstungen an.

Man sollte es kaum glauben, aber neben Ackerbau und Viehzucht betrieben die Leute von Ebeleben Weinbau, Fischzucht und sie machten sich einen guten Namen mit ihrem Waid- und Safrananbau.

Aus der Zeit der Reformation stammt die ehrwürdige Kirche „St. Bartholomae", wohingegen der wunderschöne Schloßpark erst 1774 durch Fürst Christian Günther von Sondershausen angelegt wurde. 1781 reiste Goethe durch Ebeleben, ließ sich natürlich die

Besichtigung dieses Parks nicht entgehen und äußerte sich sehr abfällig über den Prunk und die widernatürliche Gestaltung des Areals. Im Gegensatz zum französischen Parkstil war der Geheimrat aus Weimar bekanntlich mehr für die natürliche Landschaftsgestaltung, indes, Weimar war weit weg, Goethe reiste ab und die Ebelebener waren weiterhin stolz auf ihren Park.

1806 zogen napoleonische Truppen durch den Ort und versäumten nicht, Häuser und Schloß gründlich zu plündern, was die Leute von Ebeleben bewog, ihre Sympathien mehr den Befreiungsbestrebungen in Deutschland zuzuwenden. Folgerichtig gehörte Ebeleben, wenn auch nur für ein Jahr, 1885 zum Königreich Preußen. Eine Postexpedition entstand, die Eisenbahn erreichte das bisher abgeschiedene Gemeinwesen, aber es dauerte immerhin noch bis zum 1.9.1928, bis der Ort urkundlich vom Thüringer Ministerium für Inneres und Wirtschaft zur Stadt erhoben wurde.

Ein letztes Mal wurden die Ebelebener direkt mit dem Krieg konfrontiert, als im April 1945 die US-Army anrückte. Die SS sprengte militärisch sinnlos alle Brücken und zog sich dann zurück. Von Sondershausen her unternahm die Wehrmacht einen „Gegenstoß", vertrieb die Amerikaner zunächst, woraufhin diese Flieger und Kanonen einsetzten, um Ebeleben zu erobern. Schloß und Domäne sowie etwa 30 Prozent der Gebäude wurden vernichtet beziehungsweise gingen in Flammen auf.

Heute spürt man von all diesen Dingen nichts mehr. Ebeleben ist ein freundliches und sehenswertes Städtchen. Ein Rundgang durch Straßen und Gassen bietet viele bemerkenswerte Einblicke in die Vergangenheit und last but not least gehört natürlich auch ein besuchenswertes Lokal dazu, um die Bekanntschaft mit Ebeleben nett abzurunden.

Am Stadtrand entdeckt man das Restaurant „Zum Landhaus". Man sieht dem schlichten Bau nicht an, wieviel Gemütlichkeit und Gastfreundschaft im Inneren auf den Gast warten. Ursprünglich war das Haus die Betriebskantine eines Bauunternehmens. Nach 1992 wurde diese zunächst zu einer Gaststätte umgebaut, allerdings nach dem damals noch vorherrschenden ostdeutschen Standard. Ebeleben brauchte aber ein Haus, in dem sich Besucher der Stadt und Einheimische wohlfühlen konnten. Das erkannte die Familie Richter-Jonath richtig und erwarb kurzerhand das Haus im September 1993.

Nun setzte eine Phase der Umgestaltung ein. Die Zielstellung war, einen rustikalen Landgasthof zu schaffen. Liebevoll und mit Sachkenntnis wurde die bisher schlichte Decke umgestaltet, Nischen und Ecken wurden mit historischem Hausrat arrangiert und schließlich präsentierten die Richters ein völlig neues und stilvolles Gasthaus, das sehr schnell zum Treffpunkt von Jagdgesellschaften und Vereinen wurde.

Die Wirtsleute sind erfahrene Gastronomen. Sie entwickelten die „Neue Thüringer Küche", die sich des lebhaften Zuspruchs vieler Feinschmecker aus Nah und Fern erfreut.

Vom Wirt kreiert stehen „Pfaffenstück", „Altenburger Braten" und „Ebelebener Grillplatte" hoch in der Gunst der Gäste. Höhepunkte sind die Nationalmonate, denn jeden Monat werden Gerichte aus einem jeweils anderen Land Europas angeboten. So kann sich der Besucher des Städtleins getrost dem Können und der Freundlichkeit der Familie Richter anvertrauen, schon allein um einen Grund für einen erneuten Besuch Ebelebens zu finden.

Restaurant „Zum Landhaus"

Besitzer: Familie Richter-Jonath
Himmelsberger Weg 1, 99713 Ebeleben
Tel.: 036020 / 7 92 25

geöffnet: Di.–So. ab 11.00 Uhr
Mo. Ruhetag

Restaurant 60 Pl.
Gaststube 20 Pl.
Terrasse 60 Pl.

Parkplatz f. Bus, PKW u. LKW
am Haus
Übernachtungsvermittlung

*Zauberhaft:
Schloß und Park
zu Ebeleben*

Bild Seite 57:

*Gemütlichkeit
und Herzlichkeit
sind die Attribute
des „Landhauses"
in Ebeleben*

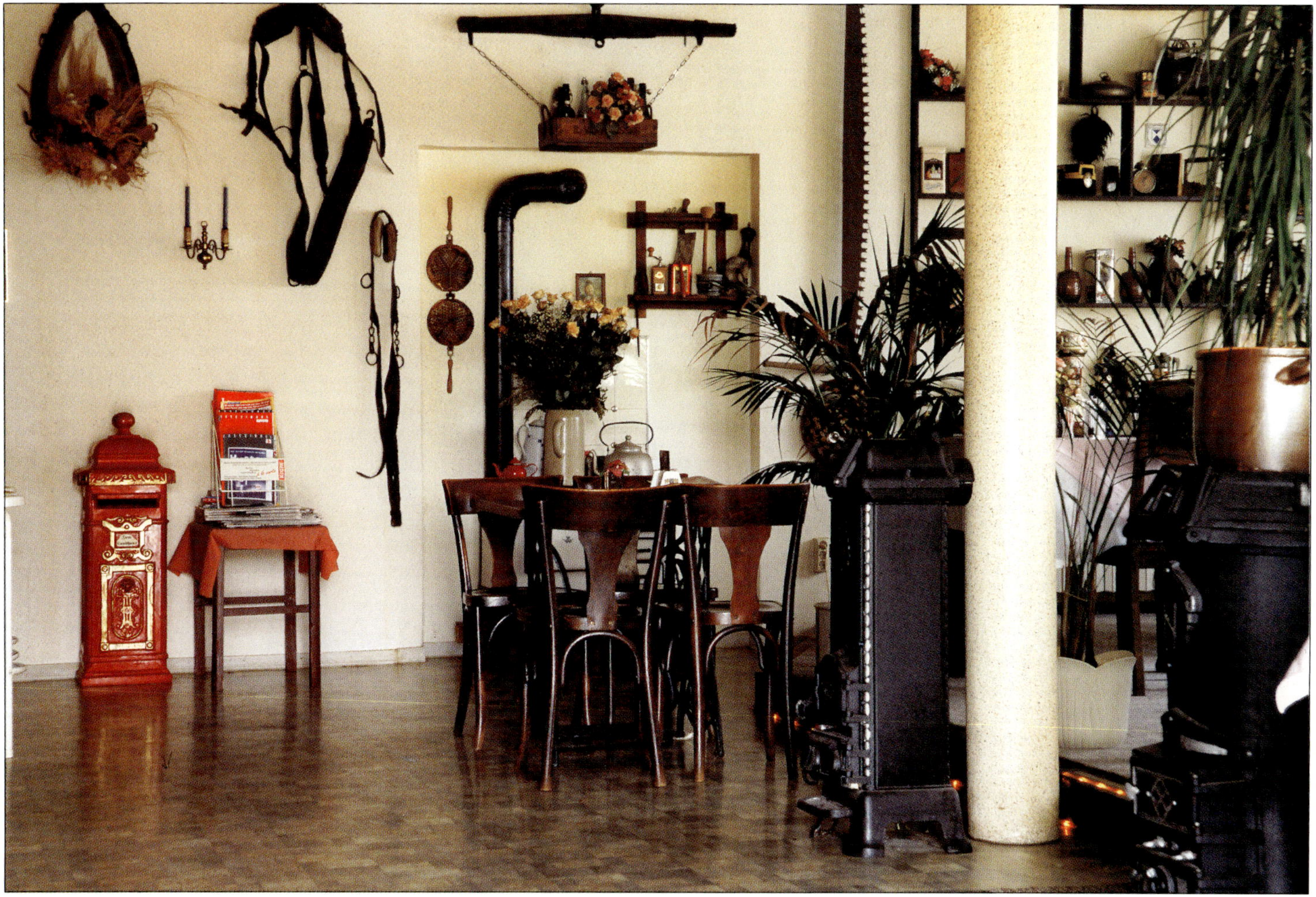

GASTSTÄTTE „SCHÄFERHOF"
Esperstedt

Zwischen Artern und Frankenhausen liegt das freundliche Dorf Esperstedt direkt an der Bundesstraße. Der Ort ist schon wegen seiner Kirche und deren Besichtigung einen Aufenthalt wert.

Die Baugeschichte der Sankt Johanniskirche zu Esperstedt ist bemerkenswert, einmal ganz von den Episoden und Ereignissen abgesehen, die sich im und ums Gotteshaus abspielten. Urkundlich erwähnt wird die Esperstedter Kirche im Jahre 1551. Da stand hier zunächst eine kleine Kapelle mit Glockenturm. Dies war eine sogenannte Kasualkirche, in der nur Taufen, Trauungen und Totengedenken abgehalten wurden, mit einem Wort katholische Seelenmessen.

Die Reformation setzte sich auch in Esperstedt erfolgreich durch, nun wurde ein größerer Kirchenraum benötigt, schließlich sollte ja die gesamte Gemeinde der Predigt teilhaftig werden. Die Esperstedter überlegten lange. Bauen war auch schon damals teuer. Also bauten sie den zusätzlichen Raum einfach an die Westseite der Kapelle an und rückten damit den Turm in die Mitte und somit entstand eine architektonische Kuriosität, die ihresgleichen sucht. Die ursprüngliche Anlage wird jetzt noch im langen und schmalen Altarraum sichtbar, der war nämlich einst das Schiff der Kapelle.

Die Wirren des 30jährigen Krieges verschonten das stille Dorf in der Diamantnen Aue keineswegs. 1626 tauchte der berüchtigte Obrist Merode mit seinen Kürassieren in Esperstedt auf. Man habe in der Dorfgemarkung einen toten Soldaten gefunden, dies hätten die Bauern getan, argumentierte der Obrist und gab den Befehl, Dorf und Kirche anzuzünden. Es dauerte Jahre, bis sich die Bauern von diesem Schlag erholt hatten. Die Höfe waren neu errichtet und eine Kirche mußte auch wieder her. Nur stand da wieder die leidige Geldfrage. Aber die Esperstedter hatten eine Idee: Sie kauften im benachbarten Udersleben eine Scheune, dabei ging es vor allem um die Dachkonstruktion und damit richteten sie sich ihre Kirche wieder so her, wie man sie heute noch sieht. Das war 1636, vor 360 Jahren also. 1679 wurde das Strohdach durch ein Schieferdach ersetzt, 1651 eine Kanzel eingebaut, 1661 und 1673 kamen neue Glocken in den Turm und 1681 wurde als Ersatz für die zerstörte Orgel ein „Positiv" gekauft.

Die Esperstedter sorgten ständig dafür, daß ihre Kirche, die mit soviel Mühen und Opfern entstanden war, ordentlich gepflegt wurde. Schließlich hatten sie ja alle Anteil am Gotteshaus. 1932 wurde wieder einmal gründlich saniert und restauriert. Dabei entdeckte man die historischen Bemalungen an den Brüstungen der Empore, sie waren über Jahrhunderte dem Vergessen anheim gefallen und wurden nun liebevoll restauriert. Diese Zeugnisse frommer Bauernkunst sind heute besonderer Beachtung wert.

Man kann sich getrost im Pfarrhaus melden, um dort zu einer freundlichen und sachkundigen Führung durch das Kirchlein eingeladen zu werden. Eine niedrige Mauer umgibt das Areal, große alte Bäume stehen auf dem einstigen Gottesacker und in ihrem Schatten erhebt sich die Kirche, ein Bild, um einmal still über „Stirb und Werde" nachzudenken ...

In der Johanniskirche ging's beileibe nicht immer streng und ernst zu. Im letzten Jahrhundert wurde zu einer „vornehmen" Taufe gerüstet. Nur – zum vereinbarten Termin stand der Pastor allein da. Nach einer Dreiviertelstunde wurde der geistliche Herr verständlicherweise unmutig. Da fuhr doch die Kutsche vor, der die Paten und der Vater des Täuflings entstiegen. Ohne Verzug wurde mit der Zeremonie begonnen, man stimmte das Tauflied an, als man feststellte, daß die Hauptperson, der Täufling, gar nicht anwesend war. Glücklicherweise erschien die Amme außer Atem mit dem Baby – man hatte sie bei der überstürzten Abfahrt schlicht vergessen. Erschöpft setzte sich die alte Frau auf eine Bank, die prompt umkippte und dadurch neue Verwirrung entstand. Es dauerte geraume Zeit, bis der für die heilige Handlung nötige Ernst wieder hergestellt war.

Solche Geschichten ranken sich auch um die Kirche zu Esperstedt, man sollte sie sich einmal vom Wirt des „Schäferhofes" berichten lassen, denn dieser wunderschöne Gasthof steht in unmittelbarer Nähe der Kirche. Um 1721 wurde hier ein großer Bauernhof erbaut, dessen Besitzer sich im Laufe der Zeit der Schafzucht zuwandten und die wahre Spezialisten auf diesem Gebiet wurden.

Hermann Hundt I. – so genannt, weil die Familie Hundt über weitere Hermanns verfügte – wurde zu einem berühmten Schafzüchter. Durch ihn wurde Esperstedt zu einem wahren Mekka der Schäfer aus Nah und Fern, denn Hermann Hundt ließ jeden an seinem reichen Erfahrungsschatz teilhaben, und er wurde ein namhafter Berater auf diesem Gebiet der Viehzucht.

Hermann Hundt II. hingegen wurde zu einem in der Gegend wohlbekannten Kunstmaler, der sich in seinen Themen vor allem regionaler Geschichte zuwandte. Noch heute kann der Gast im Schäferhof Wandmalereien dieses volkstümlichen Künstlers bewundern.

Ab den 90er Jahren wurde das ehrwürdige Haus mit viel Ideenreichtum und vor allem mit nicht mehr zählbaren Arbeitsstunden zu einem gemütlichen und stilgerechten Restaurant aus- und umgebaut, ohne daß die historische Bausubstanz verlorenging.

Sei es bei Sonnenschein unter schattigen Schirmen im Hof, sei es bei ungemütlichem Wetter im wunderschönen Gastraum, der „Schäferhof" ist so recht der Platz, um nach einer Kirchenbesichtigung und einem Dorfrundgang eine ausgedehnte Rast einzulegen und sich von der herzhaften Küche und den gepflegten Getränken, vor allem aber von den freundlichen Wirtsleuten so recht verwöhnen zu lassen. Und viele, denen auf der Reise von Artern nach Frankenhausen nach einer Rast zumute ist, finden das Haus im Dorfzentrum immer wieder besuchenswert. Wer einmal ein paar Tage hier ausspannen möchte, dem wird die Familie Hundt auch ein bequemes und sauberes Quartier nachweisen und also Thüringer Gastfreundschaft praktizieren.

Gaststätte „Schäferhof"

Besitzer: Familie Hundt
Hauptstr. 160, 06567 Esperstedt
Tel.: 034671 / 25 59

geöffnet: Di.–So. ab 11.00 Uhr
Mo. Ruhetag

Gaststube 39 Pl.
Biergarten

Parkplatz
Übernachtungsvermittlung

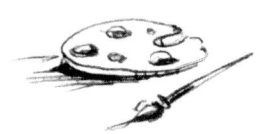

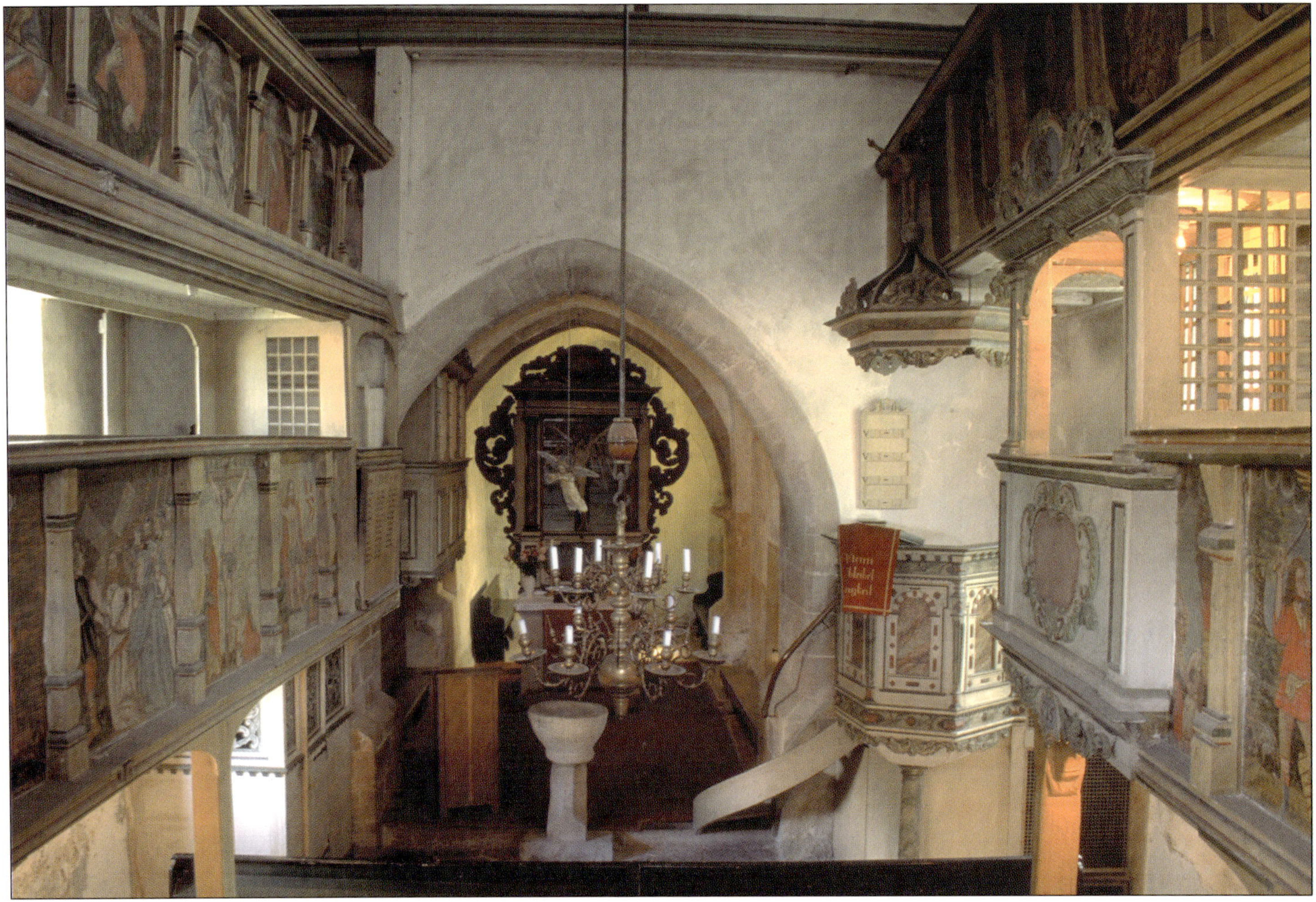

Der „Schäferhof" – ein Hort gemütlicher Erholung inmitten freundlicher Leute

Die Dorfkirche zu Esperstedt – Denkmal ländlicher Baukunst.

GASTSTÄTTE „ZUM LINDWURM"
Großfurra

Zwischen Sondershausen und Bleicherode durchfährt man das saubere und freundliche Dorf Großfurra, wobei es durchaus angebracht ist, den Ort eben nicht zu durchfahren, sondern einmal anzuhalten und sich umzusehen. Wunderschöne Fachwerkhäuser und eine Reihe historischer Gebäude machen auf die Geschichte des Dorfes neugierig.

Schon der Name gibt Rätsel auf und noch immer streiten sich die Historiker um die Entstehung, wobei man der Auffassung zuneigt, „Furra" sei entweder von „Furt" durch die Wipper oder von „Furche" abgeleitet. Auf jeden Fall ist das Dorf schon sehr alt, es gehört zum sogenannten Altsiedelgebiet. Auch die erste urkundliche Erwähnung ist umstritten, im 11. Jahrhundert tauchte eine Urkunde auf, die sich als gefälscht erwies, und in diesem dubiosen Dokument wird auf eine königliche Urkunde aus dem Jahre 874 verwiesen, in der Großfurra genannt sein soll. Das ganze beruht auf einem Rechtsstreit zwischen den Äbten von Mainz und Fulda, und hier hat die Wissenschaft noch zu tun, um die Dinge, die ja schon lange zurückliegen, aufzuklären.

Auf jeden Fall war Furra bis 1247 thüringisch-landgräflicher Herrschaft untertan, die Ritter von Varch werden bis ins 14. Jahrhundert auch Herren von Furra genannt, dann wurden die Leute im Dorf zunächst wettinisch, später preußisch und schließlich schwarzburgisch. Die Herren kamen und gingen, die Bauern von Furra blieben. Auch sie beteiligten sich im Bauernkrieg an der Erstürmung von Kloster und Schloßgut, und die Annalen melden nichts von Bestrafungen. Die Furraer kamen, so scheint's, im Gegensatz zu anderen Aufständischen mit einem blauen Auge davon, als das Strafgericht der Fürsten kam.

Dahingegen brachte der 30jährige Krieg vielerlei Beschwernisse, vor allem Einquartierungen und Versorgungsleistungen machten den Leuten in Furra schwer zu schaffen.

Das Jahr 1671 brachte gleich 2 Naturkatastrophen. Zunächst herrschte ein strenger Winter, der die Wipper zufrieren ließ und dadurch den Betrieb der 8 Mühlen von Furra zum Erliegen brachte, und im Sommer herrschte eine grausame Dürre, alles Wasser versiegte und die Mühlen waren wiederum zum Stillstand verurteilt.

Die Wipper hatte es überhaupt in sich, denn mehrere Hochwasser führten zur Zerstörung der verkehrswichtigen Brücken über das Flüßchen. Brände taten ein Übriges, um den Bauern das Leben sauer zu machen. Schloß-Schäferei, Malzdarre, Häuser und eine Mühle wurden zum Opfer von Flammen, die durch Blitzschläge verursacht wurden. In drei Epidemien forderte der „Schwarze Tod", die Pest, insgesamt 714 Menschenleben, Ruhr und Scharlach grassierten und rafften fast 40 Einwohner dahin. Dennoch blieben die Bauern ihrem Dorf treu, und während andere sich nach solcherlei Schlägen nach anderen, freundlicheren Plätzen umsahen, kam so etwas für die Furraer nicht in Frage.

Von der langen Geschichte zeugen mehrere sehenswerte Bauten. Das Schloß entstand im 12. Jahrhundert als Wasserburg und wurde mehrfach erweitert und umgebaut. Das spiegelte sich auch im Park wider, der von einem Barockgarten zum englischen Landschaftspark gewandelt wurde. Der Kämmerhof gehört zu den ältesten Gebäuden des Dorfes. Im 15. Jahrhundert wurden die Herren von Rüxleben mit dem Hof belehnt, 1597 wurde das heute sichtbare Haus neuerbaut und 1602 bis 1945 residierten die Herren von Wurmb hier. Dieses Geschlecht bestimmte über drei Jahrhunderte die Geschicke Furras. Reste des Zisterzienserklosters und die schlichte aber sehenswerte Kirche St. Bonifacii mit spätromanischen Elementen am Turm wie andere bemerkenswerte Fachwerkhäuser vervollständigen das Bild des Dorfes.

Weil man im Magen einer erlegten Ente drei Goldkörner fand, setzte die Suche nach dem edlen Metall ein, sie blieb ergebnislos, dahingegen stieß man auf das „Weiße Gold", das Kalisalz, und so befindet sich bei Großfurra folgerichtig der älteste produzierende Kalischacht Europas.

Im Herzen des Dorfes, direkt an der Straße, zieht ein wunderschönes Fachwerkhaus die Blicke auf sich. Verlockend duftet es aus der Küche, die Stimmen fröhlicher Zecher erklingen. Das ist das berühmte Gasthaus „Zum Lindwurm", in das ich Sie, lieber Leser, nun entführen will, damit Sie sich hier vom Rundgang durch die Geschichte des Dorfes erholen können.

Drachen und Lindwürmer gab es an der Hainleite nicht. Die Sache mit dem Namen des Hauses ist anders. Der Bauernhof war 1681 derart verschuldet, daß er an die Herren von Wurmb abgetreten werden mußte. Offenbar gab es zu dieser Zeit in Furra kein vernünftiges Lokal, denn die neuen Besitzer verfügten, daß in dem Bauernhaus eine „anständige Schenke und Gasthof" eingerichtet werden sollte. So kann man dieses Jahr als Geburtsstunde des heutigen wunderschönen Gasthauses bezeichnen.

Die Wurmb'schen verpachteten den Gasthof, aber sie ließen es sich nicht nehmen, ausdrücklich auf ihre Rechte hinzuweisen. So wurde 1712 ein Schild angebracht, auf dem das Wappentier des Herrengeschlechtes, ein Drachen, zu sehen war und im Handumdrehen setzte sich der daraus abgeleitete Name durch, der auch noch heute gebräuchlich ist: Zum Lindwurm.

1912 erwarb Eduard Waldheim, der Urgroßvater der heutigen Besitzer, den Gasthof. Somit ist der „Lindwurm" seit vier Generationen Familienbesitz. Der Kirmesverein, der die traditionelle Kirmes durchführt, tagt natürlich im „Lindwurm", und viele anderswo vergessene Bräuche werden dadurch in Großfurra lebendig erhalten.

Seither ist der „Lindwurm" zu einer ausgezeichneten Adresse für Kenner der Thüringer Küche geworden. Zwar hängt das ursprüngliche Lindwurmschild nicht mehr am Haus, aber hinter dem Tresen im Glasschrank steht eine plastische Nachgestaltung des Lindwurms derer von Wurmb und wacht darüber, daß „Lindwurmteller", „Bergmannsteller" oder gebackene Rinderlende von Frau Lore Cornelius, die seit mehr als dreißig Jahren als Köchin tätig ist, den Ruhm des Hauses weiterhin in alle Welt tragen. Übrigens steht das Haus auch an Ruhetagen nach Absprache für Gäste bereit, so daß niemand hungrig oder durstig das Dorf verlassen muß.

Gaststätte „Zum Lindwurm"

Besitzer: Familie Cornelius
Knauffstr. 31, 99706 Großfurra
Tel.: 03632 / 60 39 12

geöffnet: Fr.– Di. 11.00 – 14.30 Uhr und weiter ab 16.00 Uhr
Ruhetage Mi./Do.

Gaststube 35 Pl.
1. Vereinszimmer 20 Pl.
2. Vereinszimmer 30 Pl.

Parkplatz
Übernachtungsvermittlung

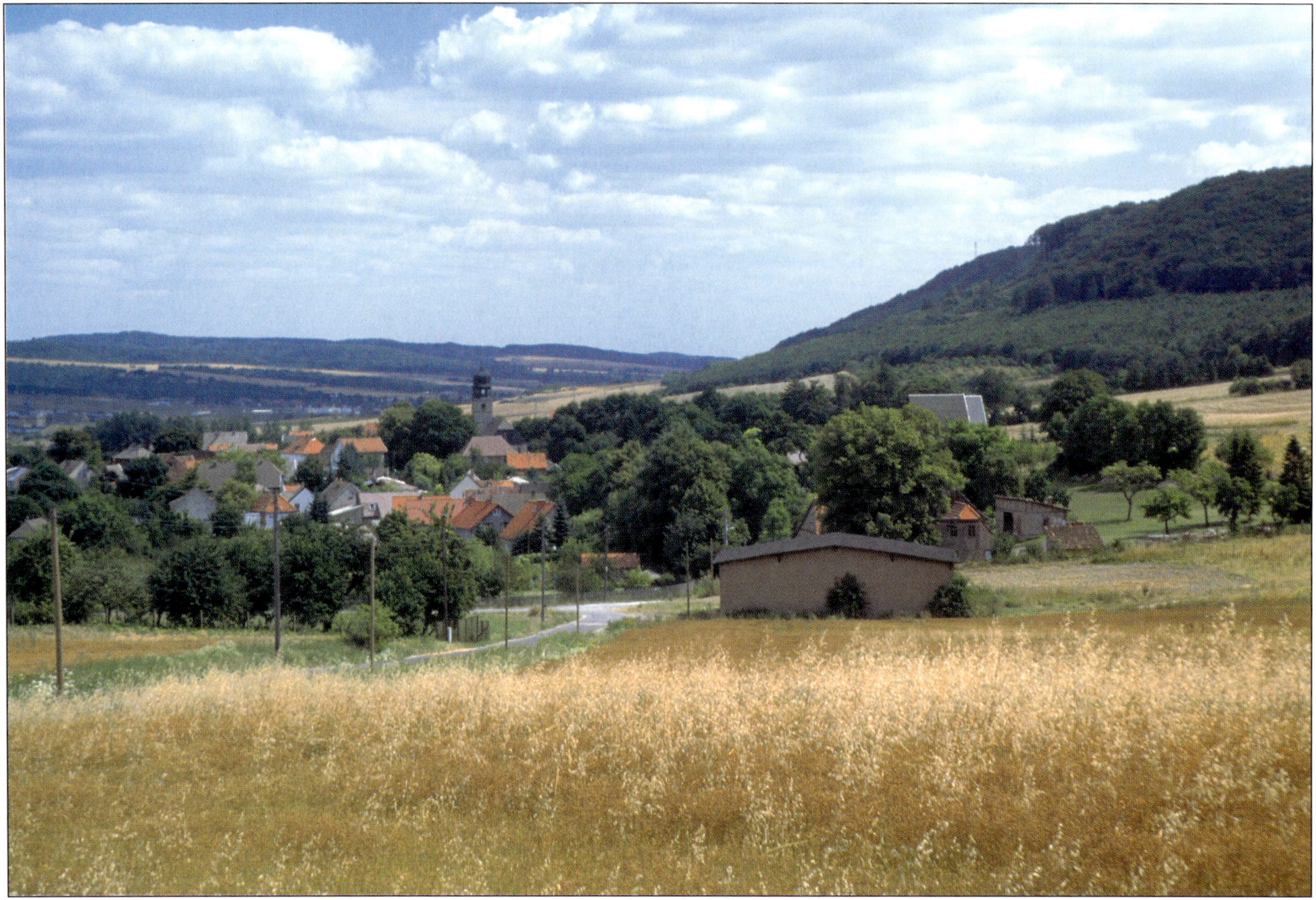

*Der Gasthof „Zum Lindwurm"
blickt auf mehr als 200 Jahre
Tradition zurück*

*Thüringer Dorfidylle,
wie man sie an der
Hainleite findet – Großfurra*

CAFÉ-RESTAURANT „WALDESECK"
Großlohra

Ab Wipperdorf begleitet die B 80 in westlicher Richtung den Nordhang der Hainleite und immer wieder ist man versucht, anzuhalten und den Blick auf die sanften Höhen mit ihren ausgedehnten Laubwäldern zu richten. Unübersehbar zwischen Elende und Gebra erhebt sich auf einem Bergsporn über den Bäumen das Mauerwerk der uralten Burg Lohra und spätestens hier beschließt der Tourist, von der belebten Bundesstraße abzubiegen und eine Pause einzulegen. Diesen Entschluß wird man nicht bereuen, denn in und um Großlohra erwarten einige bemerkenswerte Bauwerke den Besucher.

Zunächst fährt man durch den Westteil des Dorfes bergauf, es geht durch Laubwald. Oben auf der Höhe biegt die Straße scharf nach rechts in Richtung Mühlhausen ab, nach links zeigt ein Schild: Burg Lohra. Man sollte das Fahrzeug an der Kreuzung stehenlassen. Es ist ein angenehmer Weg, fast eben geht es immer auf der Höhe entlang, bis nach einer Viertelstunde einige Häuser in Sicht kommen. Sie stammen aus der Zeit, als hier oben noch eine Domäne war. Es sind winzige Wohnhäuschen und mehrere Wirtschaftsgebäude. Noch ein kurzes Stück bergab, dann ist das Ziel erreicht. Gewaltige Mauern erheben sich hinter einem tiefen, in den Fels gehauenen Graben, ein dunkles Tor macht neugierig, näherzutreten.

Das also ist Burg Lohra, urkundlich erstmalig 1116 erwähnt. Vom Grafen Beringer von Lare ist da die Rede und Tatsache ist, daß die Grafen von Lare zu den ältesten Adelsgeschlechtern Thüringens gehörten. Ihr Wissen und ihre Klugheit war gefragt, sie gehörten zur Begleitung deutscher Könige und Kaiser und auch Barbarossa ließ sich von einem Grafen von Lare gern beraten.

Noch heute vermittelt die Burg Lohra einen Eindruck von einstiger Macht. Eine architektonische Kostbarkeit ist die romanische Doppelkapelle, die zwischen 1120 und 1180 entstand und ihresgleichen in Deutschland sucht. Vom Burghof aus eröffnet sich ein weiter Blick über die Bleicheröder Berge bis hinüber zum Harz und immer wieder erlebt man, daß die Besucher lange hier verweilen, so fesselnd ist der Überblick über das Harzvorland, gewissermaßen aus der Vogelperspektive.

Gegenwärtig müht sich der Arbeitskreis Denkmalpflege mit Ideenreichtum und hohem Einsatz, die Burg wieder so herzurichten, daß sie in Zukunft noch sehenswerter ist.

Zurückgekehrt nach Großlohra wird man als nächstes mit Friedrich dem Großen konfrontiert. Unterhalb der Burg wurde auf der Flur der Wüstung Naschhausen eine Siedlung errichtet, die zunächst 22 Häuser für Domänenarbeiter umfaßte. Dann kamen weitere 58 Kolonistenhäuser hinzu. Hier lebten nun katholische Wollspinner aus dem Eichsfeld, was zunächst zu Reibereien mit der einheimischen protestantischen Bevölkerung führte. 1776 war der Bau der Kolonistenhäuser abgeschlossen, übrigens ein Beispiel der frühesten Errichtung von Fertigteilhäusern. Im Jahre 1777 ließ die Krone Preußen auf ihre Kosten noch eine katholische Kirche erbauen, damit fand Ende 1777 der erste katholische Gottesdienst nach 220 Jahren in der Grafschaft Hohnstein wieder statt. Am 14. Mai 1779 unterzeichnete Friedrich in Berlin eine Stiftungsurkunde, in der festgelegt wurde: „Diesem neuen Dorfe geben Wir den Namen Friedrichslohra", und so blieb es denn auch.

Nur wenige Minuten von Lohra entfernt erwartet eine weitere Kostbarkeit den Besucher. Malerisch erhebt sich auf einem kleinen Hügel die Klosterkirche Münchenlohra. Vollständig erhalten ist diese romanische Pfeilerbasilika, die im 12. Jahrhundert entstand und die auf den ersten Blick lebhaft an die berühmte Stiftskirche zu Gernrode erinnert. Die Kirche ist in der weiteren Umgebung einzigartig und vermittelt ein anschauliches Bild von der hohen Baukunst unserer Vorfahren.

Burg Lohra und Klosterkirche sind das Zentrum vieler kultureller Ereignisse. Vor allem die Konzerte, die hier von hochrangigen Musikern geboten werden, ziehen immer wieder unzählige Menschen zu beiden Bauwerken. Man ist gut beraten, wenn man sich die wechselvolle Geschichte beider Bauten von den freundlichen und sachkundigen Mitarbeitern auf Burg Lohra näher beschreiben läßt, und auch im evangelischen Pfarrhaus zu Großlohra ist man zu eingehenden Führungen durch die Basilika gern bereit.

Barbarossa und die Grafen zu Lare, die frommen Benediktiner und der heilige Gangolf und schließlich Friedrich der Große, soviel Geschichte entdeckt man um Großlohra.

All diese Eindrücke zu verarbeiten bedarf es eines ruhigen Platzes, und so wird man zum Abschluß der Besichtigungen gern das Café „Waldeseck" besuchen. Auch von hier aus kann man wieder den wunderbaren Blick über das Harzvorland bis hin zum Gebirge genießen und die Erlebnisse Revue passieren lassen.

Das Restaurant zeichnet sich durch seine gutbürgerliche Küche aus, wobei natürlich Thüringer Spezialitäten dominieren. Ein Tip für Gebäckliebhaber: Man sollte unbedingt einmal den hausgebackenen Fettkuchen probieren. Die Lektüre der Speisekarte macht die Wahl zur Qual, zu verlockend ist allein das Schnitzelangebot in unzähligen Varianten.

1974 wurde das Haus erbaut. Zunächst diente es als Kaffeestube mit Imbiß, um die Besucher der Blasmusikfeste von Lohra wie auch die Gäste der Sportanlagen zu versorgen. Ab dem 1.5.1990 übernahm Jost Hartung das Haus. Die Zielstellung war, den Besuchern von Burg, Kirche und Dorf einen gemütlichen Platz für die Erholung zu bieten. Das setzte natürlich eine gründliche Sanierung und Restaurierung des Gebäudes voraus und dies erforderte wiederum ein hohes Maß an Ideen und vor allem an Eigenleistungen. Zunächst wurde das „Waldeseck" nur während des Sommers geöffnet. Bald aber sprach sich die Familienfreundlichkeit des Hauses herum.

Das freundliche Ambiente, das ausgezeichnete Angebot und natürlich die herzliche Gastfreundschaft, die den Besucher hier umgeben, dies alles trägt dazu bei, dem Dorf, seinen Bauwerken und damit natürlich auch dem „Waldeseck" weitere Besuche abzustatten.

Café-Restaurant „Waldeseck"

Besitzer: Jost Hartung
Am Sportplatz 1, 99759 Großlohra
Tel.: 036338 / 6 03 82

geöffnet tägl. ab 12.00 Uhr

Restaurant 50 Pl.
Terrasse 25 Pl.

Parkplatz f. PKW u. Bus am Haus
Übernachtungsvermittlung

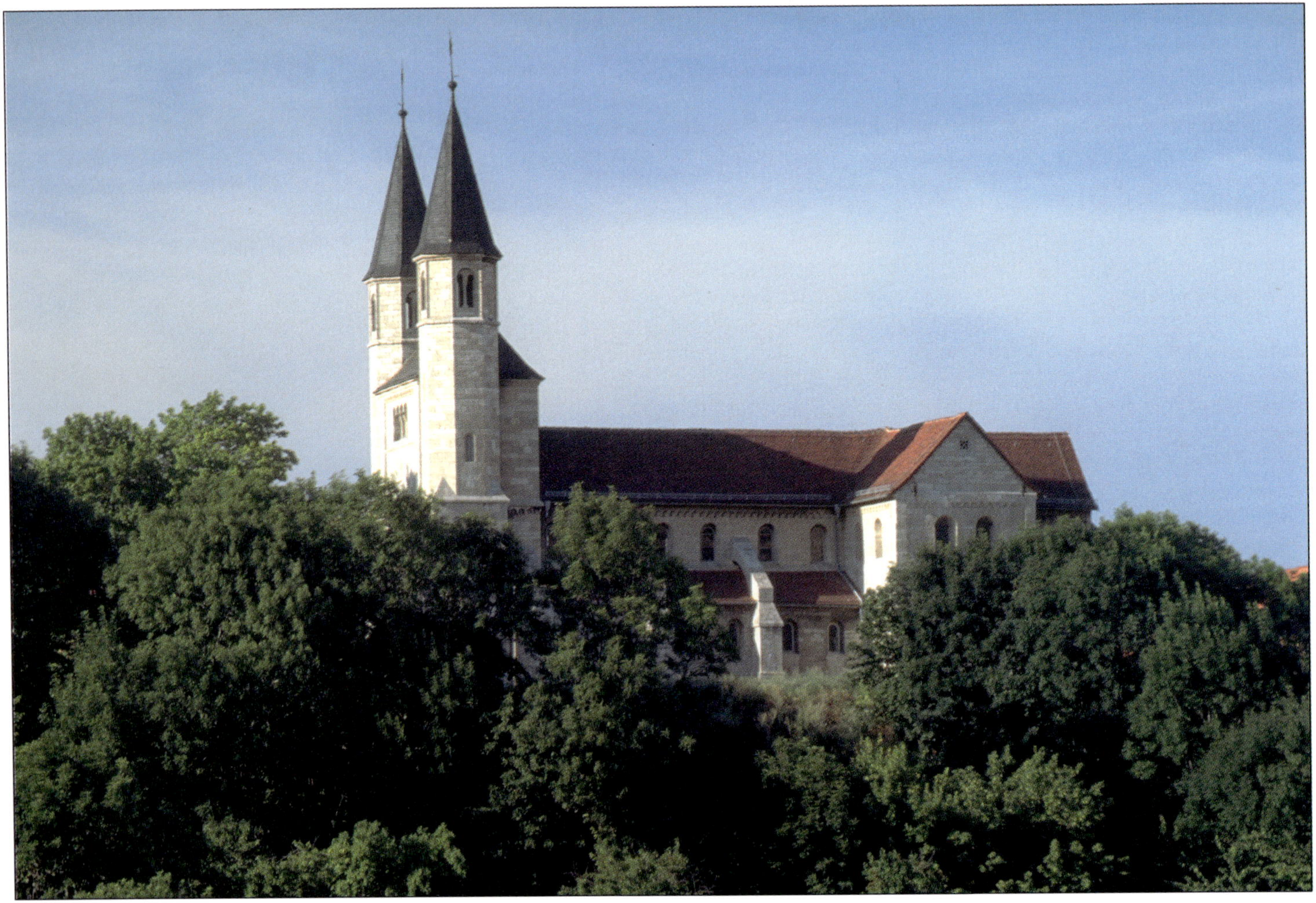

Gewissermaßen zwischen Burg Lohra und Basilika Münchenlohra ist das Café „Waldeseck" der ideale Rast- und Ruhepunkt für Besucher der Hainleite. Der grüne Papagei ist mittlerweile zum Liebling der Gäste geworden.

Die Basilika zu Münchenlohra wurde im 12. Jahrhundert errichtet und gehört zu den Kostbarkeiten der Romanik im mitteldeutschen Raum.

ERHOLUNGSZENTRUM TEICHTAL
Hainrode

Zu Füßen des Nordhanges der Hainleite findet man das beschauliche Dorf Hainrode, das auf eine lange Geschichte zurückblickt und das man unbedingt im Ferien- und Reiseplan berücksichtigen sollte. Drei markante Erhebungen kennzeichnen die Lage des Ortes, die Wöbelsburg, der Kain und der Gatterberg. Schon in grauer Vorzeit wußten die Menschen diese gute Lage zu schätzen, das beweist die vorgeschichtliche Wallanlage auf der Wöbelsburg. Der Name des Dorfes deutet auf eine Rodung im Wald hin. Vor über 800 Jahren werden Siedler das stille Tal, geschützt von hohen Bergen, entdeckt haben und sie begannen, den Boden urbar zu machen.

Erstmalig wird Hainrode 1197 in einer Urkunde erwähnt, somit begeht die Gemeinde 1997 ihre 800-Jahrfeier. In erster Linie betrieb man hier an der Hainleite Landwirtschaft.

Das Rittergut des Geschlechtes derer von Bila spielte nach und nach eine zunehmend dominierende Rolle bei der Entwicklung des Ortes. Die Bilas sind eine alte Adelsfamilie. Sie waren als kluge Ratgeber bekannt und gefragt. Im Mittelalter rief man sie an die Höfe und Kaiser Maximilian beriet sich mit einem Bila wie auch der Kurfürst von Sachsen, der Bischof von Halberstadt oder der Herzog von Braunschweig, und ein Bila avancierte sogar zum preußischen Generalmajor.

Hainrode hat aber auch der deutschen Wissenschaft eine bedeutende Persönlichkeit geschenkt. Friedrich August Wolf wurde 1759 als Sohn des Dorflehrers geboren und am Ende seines Lebens war er der namhafteste Begründer der Altertumsforschung sowie der modernen Homer-Forschung. Zum Freundeskreis Wolfs gehörte Wilhelm von Humboldt, und der Geheimrat Goethe zu Weimar zog den Hainröder gern ins Vertrauen.

Die Gemeinde zählt nur etwa 400 Seelen, dennoch wurde sie für unzählige Menschen im In- und Ausland ein fester Begriff. Es sind nicht nur Wissenschaftler, die sich mit dem Lebenswerk Wolfs befassen. Erholungssuchende und Feriengäste zieht es jedes Jahr immer wieder in das Dorf an der Hainleite und das aus gutem Grund.

In den 70er Jahren erschloß man das landschaftlich reizvolle Teichtal für den Tourismus. Nicht nur die terrassenförmig gestaffelten Teiche, nicht nur die wundervollen Laubwälder sondern auch das ausgezeichnete Klima waren der Anlaß für dieses Vorhaben. Die außerordentlich gute Verkehrslage begünstigte die Sache. Die B 4 nach Sondershausen und die B 80, die Wipperdorf durchquert, sind beide nur wenige Kilometer entfernt und machen Hainrode leicht erreichbar.

Zuerst waren es Campingfreunde aus dem Kreis Nordhausen, die sich hier häuslich niederließen. Die Anfänge waren eher bescheiden, noch gab es keine Versorgung und keine Sanitäreinrichtungen, aber sehr schnell entwickelte sich nach Konzepten der Gemeinde eine leistungsfähige Struktur, denn Bürgermeister und Abgeordnete hatten sehr schnell erkannt, daß sich mit dem Ausbau des Erholungszentrums gute touristische Perspektiven verbinden ließen. Heute stehen dem Gast alle notwendigen Einrichtungen zur Verfügung, die einen Urlaub in der herrlichen waldreichen Umgebung Hainrodes zum Erlebnis werden lassen.

Der Campingplatz, terrassenförmig am Berghang angelegt, bietet 800 Urlaubern Platz. Es stehen 32 gut ausgestattete Ferienhäuser und 200 Stellplätze für Caravans und Wohnwagen zur Verfügung. Einer der Teiche wurde zu einem wunderschönen Waldbad ausgebaut. Das glasklare frische Wasser, das direkt aus Quellen des Gebirges kommt, bietet ein ungetrübtes Badevergnügen.

Ein anderer Teich lädt zu Spaß und Sport ein, hier kann man sich als „Seefahrer" mit Ruderbooten erproben, und ein Kinderspielplatz mit Rutschen und anderen Attraktionen zieht die jüngeren Feriengäste in seinen Bann.

Das ausgedehnte Netz von Wanderwegen, gut ausgeschildert, führt durch die zauberhafte Natur der Hainleite bis hinauf zu den Aussichtspunkten, von denen sich ein herrlicher Blick über das Wippertal genießen läßt. Verkaufseinrichtungen im Ort und am Campingplatz garantieren die Versorgung der Urlauber mit allem, was gebraucht wird, und wem es einmal nach herzhafter Thüringer Küche gelüstet, der ist in den Gasthäusern „Lindenüber" und „Teichtal" gut aufgehoben.

Der Waldgasthof „Teichtal" liegt unmittelbar am Ferienzentrum und bietet auch außerhalb der Saison bequeme Unterkünfte, wie überhaupt es auch im Dorf noch viele zusätzliche Ferienübernachtungen gibt. So kann man Hainrode auch zu jeder Jahreszeit einen Besuch abstatten.

Das wissen die Besucher des Kurheims „Wöbelsburg" besonders zu schätzen. Nach der Devise „Vorbeugen ist besser als Heilen" wurde 1949 diese Kureinrichtung geschaffen, die Kindern im Alter von 3 bis 15 Jahren, die an Haltungsschäden, Infektanfällen und psychosomatischen Störungen leiden, Behandlungen zuteil werden läßt. Immerhin sind es bis zur Stunde schon über 40.000 kleine Patienten, die Hainrode die Stabilisierung ihrer Gesundheit zu danken haben, seit der Wende werden hier auch Kuren für Mutter und Kind angeboten.

Zur Osterzeit gibt es in Hainrode noch eine besondere Attraktion. Das ist das „Kohlen- oder Kugelschlagen", ein seit alters überlieferter Wettstreit der Männer des Dorfes. Einst wurde dieser Brauch in allen Hainleitedörfern gepflegt, heute ist Hainrode die Hochburg dieses Vergnügens, das – um es in etwa zu beschreiben – eine Mischung zwischen Golf und Boule darstellt. Strenge Spielregeln ordnen den Wettbewerb und es gibt sogar eine Reihe von Fachbegriffen für diese geradezu einmalige Sportart, was wunder also, wenn Hainrode mit dem Kugelschlagen jährlich viele Zuschauer anzieht.

Man sollte sich von den Hainröder Männern die Sache genau erklären lassen. Immerhin hat dieser Wettkampf seine Wurzeln schon im frühen Mittelalter.

Der Ort bietet Sehenswürdigkeiten, die man besuchen sollte. Natürlich gibt es einen Gedenkstein für Friedrich August Wolf. Die Grabstätte der Freiherrn von Bila oder die wunderschöne alte Dorfkirche sind ebenso sehenswert wie in weiterer Umgebung die romantische Burg Lohra mit ihrer Doppelkapelle, die romanische Basilika in Mönchenlohra oder die Burgruine Straußberg, und dem deutschen Rechtsmuseum im Hue de Grais in Wolkramshausen sollte auch ein Abstecher gelten.

Neugierig geworden, lieber Leser? Dann fahren Sie doch einfach mal nach Hainrode, um sich von dem freundlichen Dorf und seinem Erholungszentrum verwöhnen zu lassen.

Erholungszentrum Teichtal

Im Teichtal, 99735 Hainrode
Tel. 036334 / 5 32 31, Fax: 036334 / 5 05 30
Auskünfte und Vermittlung
über das Gemeindeamt Hainrode:
Hauptstr. 108, 99735 Hainrode

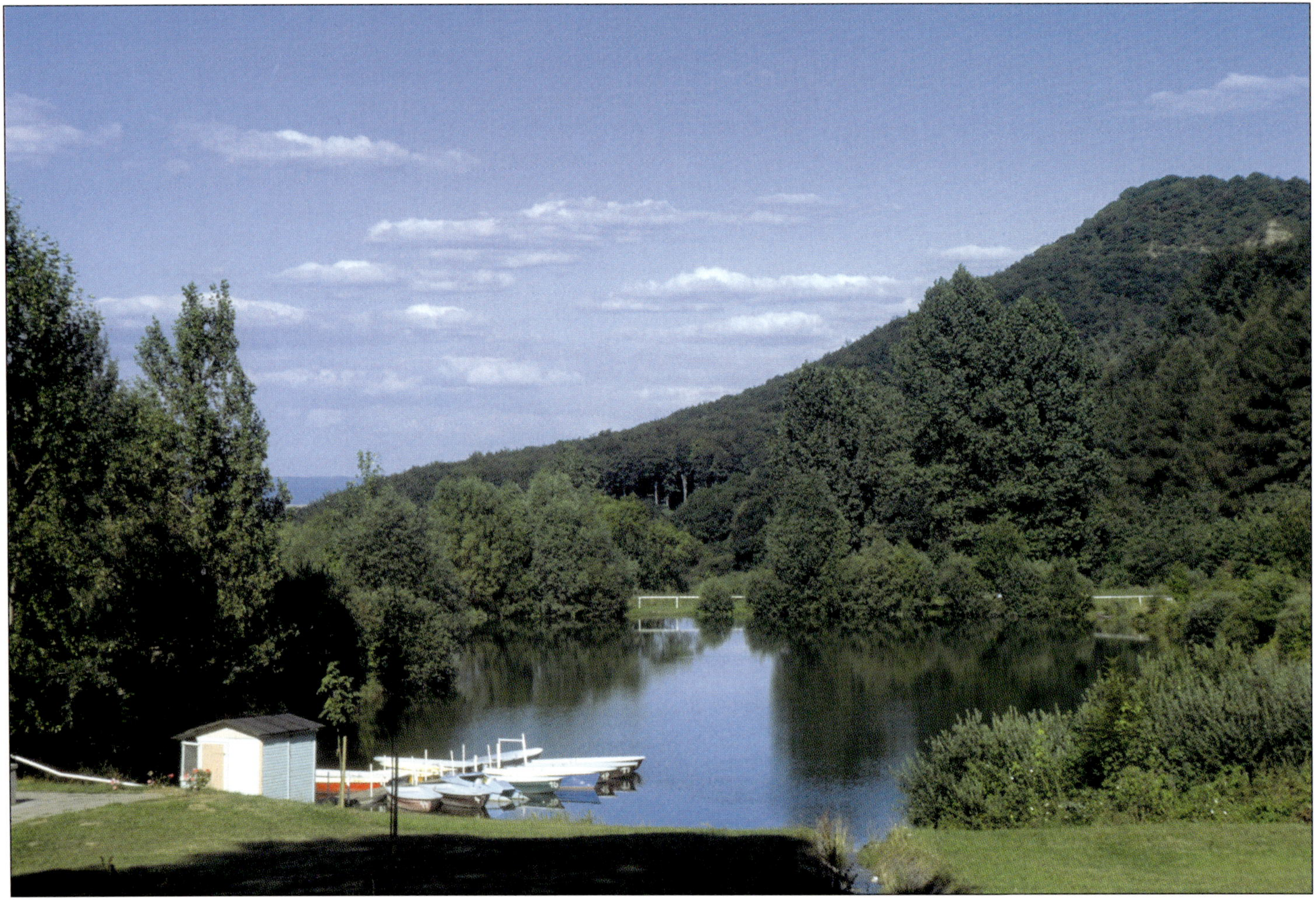

*Hainrode –
das bedeutet
Erholung
und Ferienspaß
an der herrlichen
Hainleite*

HOTEL-RESTAURANT „ZUR ERHOLUNG"
An der Wasserburg Heldrungen

In den Abendstunden des 15. Mai 1525 rumpelt ein ungefüger Pferdekarren durch das Tor der Festung Heldrungen. Bewaffnete umringen ihn. Ein einsamer Mann, schwer gefesselt, liegt auf dem Wagen. Das Gesicht ist blutverschmiert, die Kleidung zerfetzt. Rohe Fäuste zerren den Gefangenen hoch, stoßen ihn auf den Hof. Dann wird er zum Turm geschleppt. Die Kerkertür öffnet sich, grinsend nimmt der Vogt den Mann in Empfang. Endlich hat man den verfluchten Müntzer! Drüben zu Frankenhausen wurde er gefaßt und dem Grafen Ernst von Mansfeld als „Beutepfennig" übergeben. Thomas Müntzer ist sich bewußt, daß es kein Entrinnen aus dem Kerker und aus der Gewalt der Sieger gibt und er weiß, daß man gnadenlos mit ihm abrechnen wird. Den Bauernprediger erwarten schreckliche Stunden und Tage. Er wird der Folter unterworfen, man versucht, ihn zum Widerruf zu zwingen, aber selbst unter schlimmsten Qualen beharrt Müntzer auf seinem Standpunkt: Omnia sunt communia! was heißen soll, daß alle Christen vor Gott gleich seien und danach schon auf Erden zu leben haben, keiner sich über den anderen erheben soll.

Nach fürchterlichen Torturen und Verhören wird Müntzer ins Lager der Fürsten bei Mühlhausen gebracht und dort am 27. Mai 1525 hingerichtet. Die Fürsten hatten dem Rebellen den Kopf abgeschlagen aber seine Idee von der freien und gleichen Gemeinde lebte im Volk weiter fort …

Die Festung Heldrungen bietet ein Paradebeispiel mittelalterlicher militärischer Baukunst. Das Besondere ist die Lage, denn sie ist eine typische Wasserburg, in einer Talniederung gelegen und von einem System breiter Wassergräben umgeben. Bereits im späten 12. Jahrhundert wird Burg Heldrungen erwähnt. Damals besaß sie noch nicht die heutigen Ausmaße und war noch relativ klein.

Über Jahrhunderte wurde an der Burg gebaut, sie wurde erweitert, fester gemacht. Zwischen 1479 und 1484 ging sie an die Grafen von Mansfeld. Dieses Geschlecht zählte zu den mächtigsten Familien zwischen Harz und Thüringen. Die Mansfelder setzten vor allem auf militärische Stärke und so wurde auch Burg Heldrungen ab 1502 zu einer unbezwingbaren Festung aus- und umgebaut.

Wenn man heute die wenigen Schritte von der Heldrunger Hauptstraße zur Wasserburg geht, steht man bald vor einem breiten Wassergraben, der die Festung umgibt, aber dieser Eindruck vermittelt nicht die gesamte Größe, dazu sollte man sich einmal die Luftaufnahme zur Hand nehmen, um sich über den Umfang des Bauwerks klar zu werden. Bastionen und Mauern machten die Burg zumindest in der Frühgeschichte der Feuerwaffen so gut wie uneinnehmbar. Atemberaubend ist die Konstruktion des Haupttores. Hier hatte der Angreifer kaum Chancen, unbeschadet ins Innere zu kommen, wie ebenso wenig die glatten, aus dem Wasser aufsteigenden Mauern dazu Möglichkeit boten.

Eine solche Befestigung war stets ein Gemeinwesen für sich. Neben den militärischen Zweckanlagen gab es wichtige Handwerker wie Schmiede und Schreiner, es gab Versorgungseinrichtungen und umfangreiche Lager, Keller und Kasematten und eben diese Gewölbe sind auch heute noch in ihrer riesigen Weite und mit ihrem sicheren Bau beeindruckend. Wohnräume sowohl für die Herrschaft als auch für das Gesinde gehörten ebenso zur Burg wie Ställe und Remisen.

Ein sehr aussagekräftiges Museum stellt anschaulich die Geschichte der Mansfelder und ihrer Wasserburg vor, und natürlich ist den letzten Tagen Thomas Müntzers auch eine Exposition gewidmet.

Die Umgebung von Heldrungen bietet noch viel mehr sehens- und besuchenswertes, ob es nun die Sachsenburgen sind, der Kyffhäuser oder die stillen Forsten der Hohen Schrecke und es ist allemal gut, dazu einen Ausgangspunkt zu kennen, der sich am Bahnhof Heldrungen in Gestalt des Hotels und Restaurants „Zur Erholung" anbietet.

Nicht nur der Tourist, der auf den Spuren der Geschichte reist, auch der Vorüberkommende wird in diesem Hause freundlich empfangen und versorgt, sodaß das Haus seinen Namen mit vollem Recht trägt. Lange Jahre diente die „Erholung" als Ferienheim der Handwerkskammer des damaligen Bezirkes Halle. Nach 1990 wäre das Haus geschlossen worden, hätte es nicht Claus Unger und seine Familie gegeben. Heldrungen sollte ein Hotel mit Restaurant bekommen, das die Stadt würdig präsentierte, und da die Gastronomie bei den Ungers zur Familientradition gehört, nimmt es nicht wunder, wenn sich auch der heutige Chef des Hauses seine Sporen als Koch und Kellner in großen namhaften Häusern erwarb und also auf eine lange Berufserfahrung zurückblicken kann. Das wird ihm auch ausdrücklich mit dem „Deutschen Wirtebrief" bescheinigt.

Familie Unger machte sich also daran, das Haus so herzurichten, daß sich die Gäste wohlfühlen konnten und es ihnen an nichts mangelte. Dabei legten die Ungers großen Wert auf Familienfreundlichkeit, aber auch Wandergruppen finden hier ebenso freundliche Aufnahme wie Einzelreisende und keineswegs ohne Bedeutung ist die Tatsache, daß man in der „Erholung" auch für Behinderte ein Herz hat und für sie entsprechende Einrichtungen bereithält.

Eine weitere Besonderheit ist die Hausbibliothek, die Regentage unterhaltsam überbrückt, und die Kinder von Hausgästen finden auch in einer Tagesstätte Spielgefährten, das alles machen Ungers möglich. An heißen Tagen steht in unmittelbarer Nähe des Hauses ein Naturschwimmbad zur Verfügung.

Die Speisekarte macht die Entscheidung schwer, es ist gewissermaßen an alles gedacht und vor allem mit Können und Sorgfalt zubereitet. Wer abgespannt und erfüllt mit vielen Eindrücken über die Umgebung in die „Erholung" kommt, dem wird hier die Fürsorge zuteil, die man mit echter Thüringer Gastlichkeit zu umschreiben pflegt und das macht auch das gute „Ur-Krostitzer", das im Biergarten die Lebensgeister anregt und Lust darauf macht, Ungers und ihrer „Erholung" die Treue zu halten.

Hotel-Restaurant „Zur Erholung"

Inh.: Fam. Claus Unger
Am Bahnhof 11, 06577 Heldrungen
Tel./Fax: 034673 / 9 80 13

geöffnet: Mo.–Fr. ab 7.00 Uhr
Sa.–So. ab 8.00 Uhr

Restaurant 40 Pl.
2 Konferenzräume à 20 Pl.
Biergarten

1 Suite
8 2-Bettzimmer (Aufbettung mögl.)
1 1-Bettzimmer

Vermittlung v. Reiten/Kremserfahrten
Kegeln, Tennis, Sauna, Fitneßcenter, Fahrradverleih, Vertragsfahrschule

Parkplatz im Hof

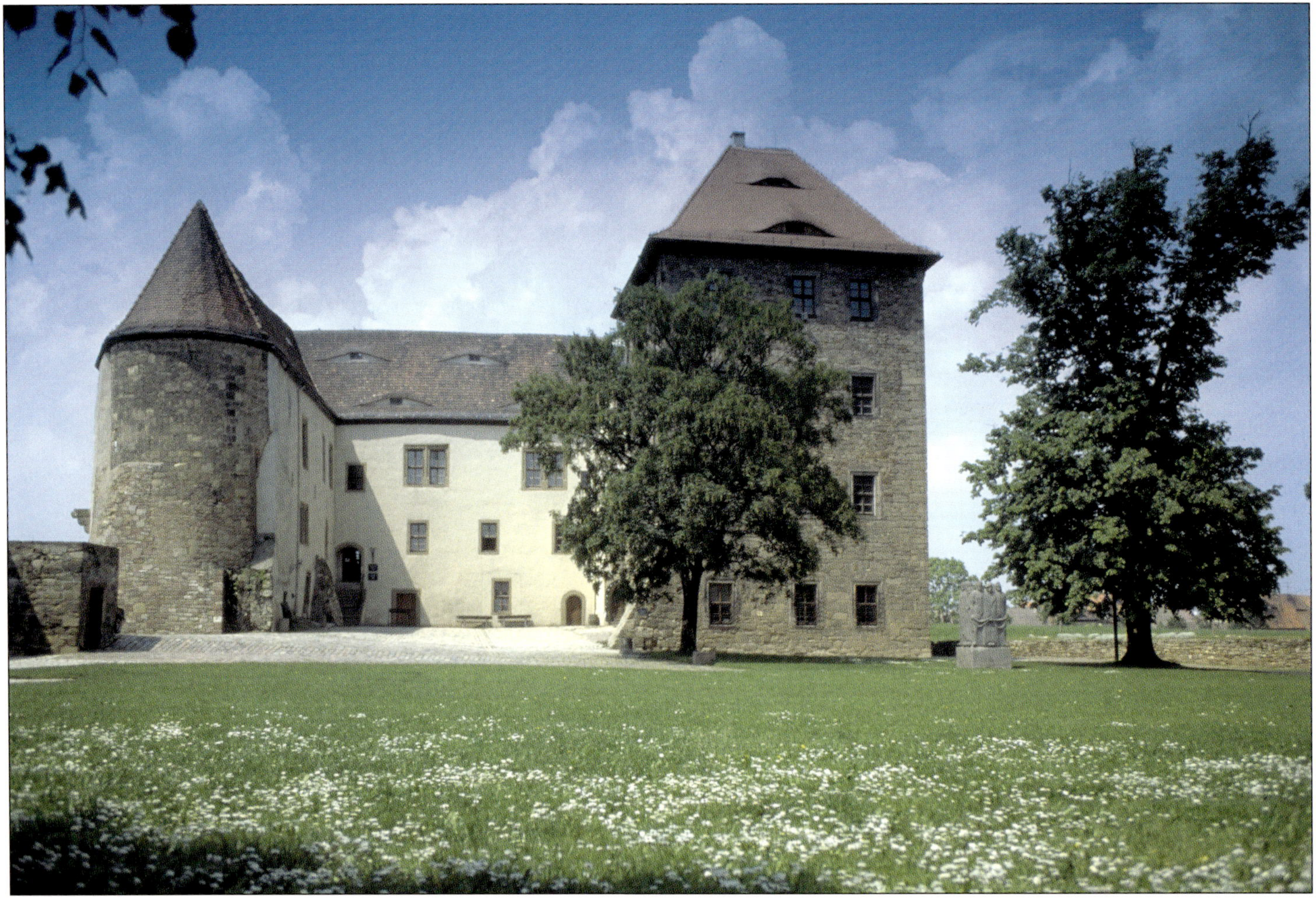

*Die „Erholung" in Heldrungen
bürgt für gepflegten Service
in jeder Hinsicht*

*Die Wasserburg Heldrungen –
Zeugnis mittelalterlicher Festungs-
baukunst*

HOTEL-RESTAURANT HEINICKE
Kelbra

Die Sage erzählt, daß einst Musikanten aus Kelbra vernahmen, der Kaiser Barbarossa drinnen im Kyffhäuser sei ein Liebhaber schöner Musik. So zogen sie noch vor Mitternacht auf den Berg und als die Glocke im Tal Mitternacht schlug, huben sie zu fiedeln und zu blasen an. Da öffnete sich der Berg. Eine liebliche Prinzessin trat heraus und gebot den Musikanten, ihr zu folgen. In einem prächtigen Saal wurden köstliche Speisen und edler Wein aufgetragen und die braven Kelbraer ließen es sich auch wohl sein. Heimlich schielten sie zu den Gold- und Silberschätzen, die allenthalben herumlagen. Aber die Prinzessin gab jedem zum Abschied nur einen grünen Birkenzweig. Kaum hatte sich der Berg hinter den Musikern geschlossen, warfen sie die Zweige verärgert fort, der Kaiser hätte sie wahrlich besser entlohnen können.
Nur einer nahm das Geschenk der Prinzessin mit heim, um es seiner Frau zum Andenken zu überreichen. Und siehe da: Das Laub verwandelte sich in goldene Talerstücke. Dies erfuhren die anderen Musikanten. Sie sausten auf den Berg, aber die so verächtlich weggeworfenen Zweige waren spurlos verschwunden …

Zu Füßen des Kyffhäusers liegt das kleine Städtchen Kelbra und hoch über ihm die Ruine der Rothenburg, und wer hier hinaufsteigt, wird mit einem wundervollen Blick über Stadt, Stausee und goldene Aue bis hin zum Harz belohnt.

Die Grafen von Rothenburg waren es auch, die ausgangs des 12. Jahrhunderts die Entwicklung des Dorfes Kelbra zur Stadt förderten. Der Ortsname wird als „Ort an Wasser oder Sumpf" gedeutet und erscheint erstmalig 1093 als „Kelvera".
Im Schutz der Burg entwickelte sich bald ein reges Leben, vor allem, nachdem 1251 ein Nonnenkloster der Zisterzienser gegründet wurde und Kelbra Stadtrechte erhielt. Und so wird 1287 Kelbra auch als befestigte Stadt genannt. Gräben und Mauern, mit Türmen gesichert, umgaben den Ort. Reste davon sind heute noch sichtbar. Um 1287 gab es einen Münzmeister, die Kelbraer hatten ihr eigenes Geld – man denke – Marktrecht und niedere Gerichtsbarkeit erhöhten die Bedeutung des Städtleins.
Die Kelbraer entwickelten die Tuchmacherei zum Hauptgewerbe. Tuchpresser, Wollenkämmerer, Schönfärber und Tuchmacher fanden hier ihr Auskommen wie auch Gerber, Waffenschmiede oder Töpfer, und es wird auch Musikanten gegeben haben, vielleicht auch die, die dem Kaiser ein Ständchen brachten.
Mehrfach wurde die kleine Stadt heimgesucht. 1607 vernichtete ein Brand fast alle Gebäude, eine solche Katastrophe wiederholte sich anno 1741, da fiel sogar das Rathaus den Flammen zum Opfer. Die Pest wütete und forderte 1598 415 Menschenleben. Auch von den Schrecken des 30jährigen Krieges wurde

Kelbra nicht verschont. Verwahrloste Soldadeska plünderte mehrfach den Ort und am schlimmsten trieben es die Truppen des Generals von Merode oder des Herzoges von Lüneburg. Trotzdem gaben die Bürger nicht auf. Unverdrossen bauten sie ihr Städtchen immer wieder auf und betrieben mit Fleiß Handwerk und Gewerbe zum eigenen und gemeinen Nutzen. Sogar eine Eisenbahnverbindung gab es eine Zeitlang, von 1916 bis 1966 verband die Kyffhäuser-Kleinbahn Kelbra mit Artern.

Heute erreicht der Tourist die Stadt über die B 85 von Kelbra oder Frankenhausen aus, aber es gibt auch gute Verbindungen nach Sondershausen und Artern. In Berga halten viele Züge und Busse bringen die Besucher der Stadt aus vielen Orten heran.

Bei einem Stadtrundgang wird man viele Zeugen der Vergangenheit entdecken. Da sind Reste der einstigen Stadtbefestigung oder des Klosters, die Martinskirche und die Georgii-Kirche sind ebenso sehenswert wie das Rathaus, und in der wunderschönen Promenade erhebt sich ein bemerkenswerter Obelisk aus versteinerten Bäumen.

Wer nun Hunger und Durst verspürt oder müde geworden ist, dem braucht nicht bange zu sein, man braucht nur den Schildern zu folgen, die zum Hotel Heinicke führen. So findet man das schöne neue Haus völlig problemlos. Das Hotel liegt zwischen den beiden Hauptstraßen der Stadt und ist also von allen Richtungen her erreichbar. Dennoch zeichnet sich das Hotel durch seine ruhige und ungestörte Lage aus.

1990 machte sich die Familie Heinicke ans Werk, um Kelbra mit einem nagelneuen Hotel und Restaurant einen repräsentativen Anziehungspunkt zu geben.

Niemand von der Familie vermag heute mit Sicherheit zu sagen, wieviele Stunden Arbeit aufgewandt wurden, um das Haus zu einem Platz echter Gastfreundschaft werden zu lassen. Natürlich gibt es hier internationale Standards wie anderswo auch, aber faszinierend ist die ganz persönliche Betreuung des Gastes. Man fühlt sich ganz in Familie und das erfordert von den Heinickes viel Einfühlungsvermögen, Geduld und Ideenreichtum.

Die in Norddeutschland beheimatete Hotelgruppe „Kiek in" stand den Heinickes mit Rat und Tat hilfreich zur Seite, und das Motto „Schau herein und sei unser Gast" wird im Hotel Heinicke täglich in die Tat umgesetzt und ist also auch oberstes Gebot der Familie. Entstanden ist ein Hotel-Restaurant, das durch sein gesamtes Ambiente allein schon Anlaß bietet, Kelbra weitere Besuche abzustatten. Sonnige großzügig ausgestattete Zimmer garantieren ungestörte Ruhestunden, und im gepflegten Restaurant kann man sich bei einer ausgezeichneten regionalen Küche stärken. Aber auch internationale Leckerbissen werden angeboten und das Studium der Speisekarte macht die Wahl nicht leicht. Ein besonderer Anziehungspunkt für die Hausgäste ist das Tepedarium, eine nach antikem Vorbild errichtete römische Trockensauna. Gern vermittelt Familie Heinicke Ausflüge zum Kyffhäuser, in den Harz oder nach Bad Frankenhausen, und daß Gäste im hoteleigenen Bus von der Bahn abgeholt werden, ist ebenso selbstverständlich wie die Möglichkeit, Rundfahrten durch die engere und weitere Umgebung Kelbras zu buchen.

Rundherum bieten Familie Heinicke und ihr Hotel-Restaurant die Gewähr, daß ein Aufenthalt im freundlichen Kelbra zum unvergeßlichen Erlebnis wird, davon zeugen auch die Stammgäste, die sich das Haus durch seine Gastfreundschaft erworben hat.

Hotel-Restaurant Heinicke

Besitzer: Familie Heinicke
Lange Str./Jochstr., 06537 Kelbra/Kyffhäuser
Tel.: 034651 / 61 83 u. 61 89
Fax: 034651 / 63 83

geöffnet: tägl. ab 6.00 Uhr

Restaurant 144 Pl. (teilbar in 3 Räume)
Kutscherstube 20 Pl.

5   1-Bettzimmer (Aufb. mögl.)
11 2-Bettzimmer (Aufb. mögl.)
Billardraum/Kegelbahn/Tepedarium

Parkplatz f. Bus u. PKW

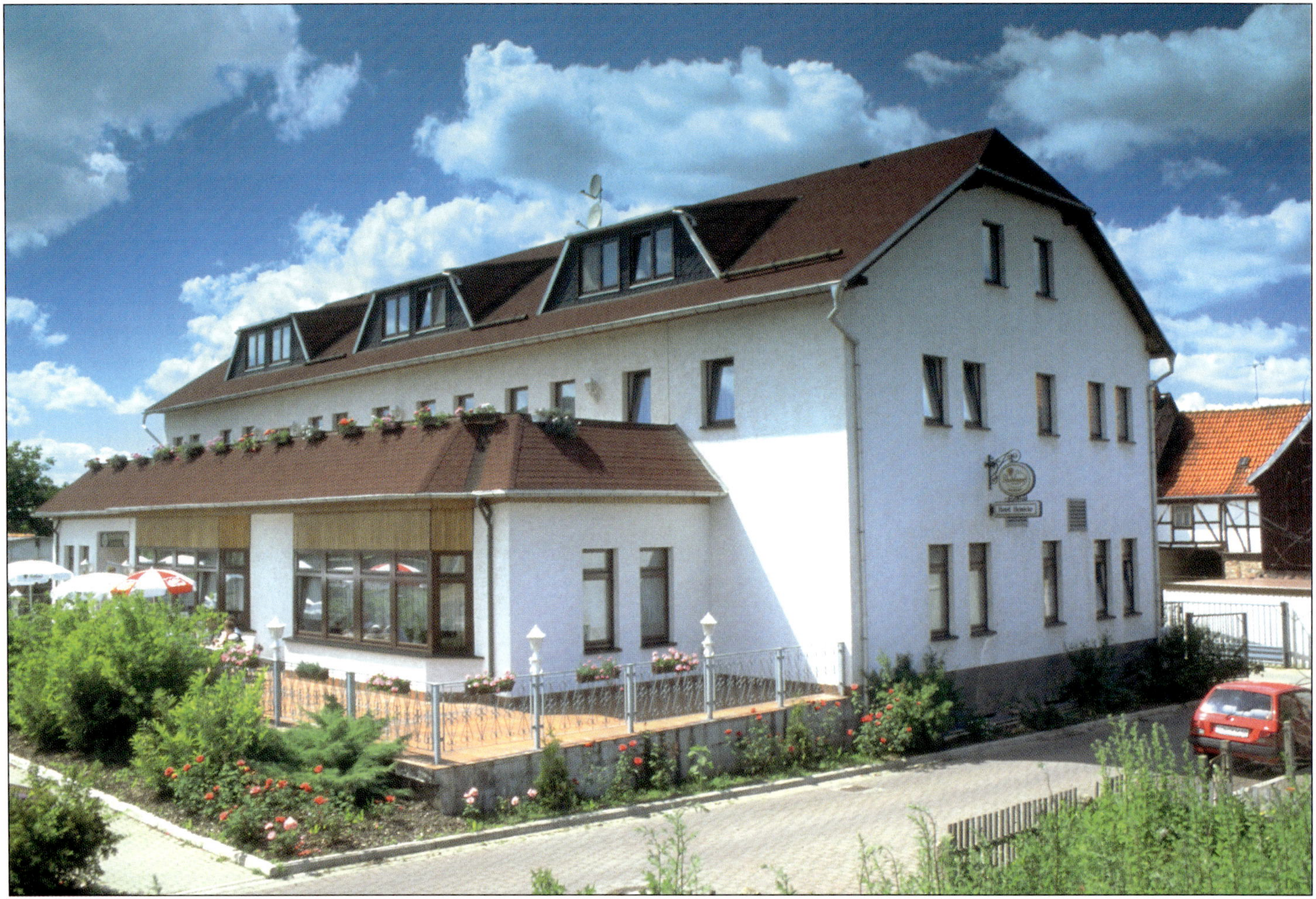

Das Städtchen Kelbra bietet eine Vielzahl malerischer Gebäude aus der Geschichte. Ob die Musikanten, die dem Kaiser aufspielten, wohl auch im Rathaus musiziert haben?

Das Hotel Heinicke in der Nähe des Zentrums ist zwar noch relativ „jung", bietet aber dennoch eine gepflegte und zugleich familiäre Atmosphäre.

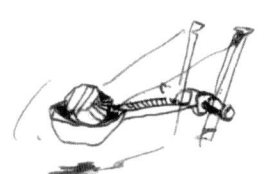

HOTEL „BARBAROSSA"
Kelbra

Hoch über Kelbra erhebt sich auf einem nach Norden weisenden Bergsporn des Kyffhäusers die Ruine der Rothenburg, die – völlig zu Unrecht – immer etwas im Schatten ihrer berühmten Schwester, der einstigen Reichsburg Kyffhausen steht. Steil fällt der Berg nach drei Seiten ins Tal ab und nur ein schmaler Höhenrücken bietet Zugang zu der alten Grafenburg, die ihren Namen nach dem roten Sandstein bekam, aus dem sie, wie andere Kyffhäuserburgen auch, erbaut wurde. Wer einst den Auftrag gab, hier oben auf dem steilen Felsen ein festes Haus, eine Burg, zu errichten, ist im Dunkel der Geschichte verborgen. Die Knechte, die einst auf dem Turm Wache hielten und von hier aus die weite Goldene Aue bis hinüber zum Harz überschauen konnten, werden mitunter auch hinüber zur Burg Kyffhausen geblickt haben, denn beide Burgen befanden sich in Sichtweite.

Mit der Überlieferung einer grausigen Mordtat wird die Rothenburg erstmalig im Jahre 1103 urkundlich erwähnt. Da nämlich soll ein Christian von Rothenburgk mit Hilfe eines Edelger von Ilfeld den Grafen Cuno von Beichlingen erschlagen haben und wie so oft schon ging es um Erbprobleme, die man im Mittelalter häufig auf diese Art und Weise löste. Weshalb die beiden Mordbuben anschließend die Witwe des Erschlagenen überreden wollten, den Markgrafen Wieprecht zu heiraten, ist nicht ganz klar. War der Markgraf womöglich in die schöne Beichlingerin verliebt oder wollten Christian und Edelgar die Frau möglichst weit weg vom Ort der Tat haben? Darüber nachzusinnen ist oben auf der Rothenburg Platz. Der Wind streicht sacht durch die hohen leeren Fenster, Wolken segeln über den blauen Himmel, die alten Steine und Mauern aber raunen leise über die Zeiten, die sie einst gesehen haben, man muß nur sehr stille sein hier oben.

Offenbar war besagter Christian aber auch ein recht kluger Mann, es kam jedenfalls nie zu gerichtlichen Verfolgungen. Im Gegenteil! 1128 und 1130 wird aus den Urkunden ersichtlich, daß der Graf sogar Schutzvogt des Stiftes Jechaburg war und 1132 wird er offiziell als „comes (Graf) Christanus de rodenburg" erwähnt. Einer seiner Söhne, Gottschalk, gehört 1175 zum Gefolge Heinrichs des Löwen und als der Welfe 1179 Halberstadt eroberte und in Brand stecken ließ, war eben dieser Gottschalk auch mit von der Partie.

Im Jahre 1212 erschien König Otto IV. vor der Burg. Die Rothenburger sympatisierten mit den Thüringer Landgrafen und die wiederum verweigerten dem König des öfteren die Treue, was den Herrscher bewog, in eben diesem Jahr einen Straffeldzug zu führen. Damals hatte man gerade eine neue Kriegstechnik erfunden, das heißt, die alten Römer kannten sie bereits, aber die Deutschen erfanden sie, wie so vieles andere, noch einmal und natürlich besser als zuvor. Es ging um eine Wurfmaschine, eine „Blide" oder „Balliste", mit der man über etliche Dutzend Meter bis zu sechs Zentner schwere Steine werfen konnte, über Burggräben hinweg und außerhalb der Reichweite der Pfeile der Verteidiger. Diese absolut neue Kampftechnik brachte die Rothenburger dazu, sich nach kurzem Beschuß zu ergeben, wobei die moralische Wirkung wahrscheinlich höher war als der materielle Schaden.

Noch heute ist ersichtlich, welchen Umfang und welche Größe die Burg besaß. Neben dem gewaltigen Bergfried ist vor allem der Palas eingehender Besichtigung wert. Die kostbare Profanarchitaktur ist noch deutlich in der Gestaltung der Fenster erkennbar, immerhin war hier eine lichte Weite von 20 x 9,5 Metern umbaut. Säulen, Pforten und sehenswerte Kapitelle zeugen von der hohen Baukunst unserer Altvorderen. Auf der Rothenburg sind sowohl romanische wie auch frühgotische Architekturmerkmale erkennbar, so wird die alte Burg zugleich zu einem Lehrbeispiel für die Entwicklung der Baustile. Und daß man auf der Rothenburg auch der Minne und damit der Dichtkunst hold war, beweist ein Rothenburger "Kristan Luppin", dessen Minnelieder sogar in die Heidelberger Manessische Liederhandschrift von 1302 aufgenommen wurden. Im 16. Jahrhundert erst verlor die Burg ihre Bedeutung, wurde verlassen und verfiel, aber dennoch war die romantische Ruine Ziel von Malern und Dichtern, unter ihnen Emanuel Geibel, der die Burg in einem gefühlvollen Gesicht besang.

Von oben blickt man hinab zum Stausee Kelbra und man beschließt, hier ein paar Tage zu verweilen, zu schön ist das Gebirge und seine Umgebung. Außerhalb von Kelbra und oberhalb des Stausees findet man das Hotel "Barbarossa", das den Besucher schon von weitem von seiner Höhe herab grüßt. Es geht einmal kurz steil bergauf, dann tut sich ein Parkplatz auf. Blanke Fenster im weißen Gemäuer, wohlgeschützt von einem hohen Schieferdach, so wirkt das Haus auf den ersten Blick und lädt damit schon zum Verweilen ein.

In der Tat kann man von der Terrasse und auch aus fast allen Fenstern einen bezaubernden Rundblick auf die Goldene Aue, den Stausee, den Harz und den Nordhang des Kyffhäusers genießen. Das Hotel bietet einen weiteren Vorteil. Bequem sind von hier aus viele bemerkenswerte Punkte zu erreichen wie die Burgen des Kyffhäuser, die Barbarossahöhle, die alte Kaiserpfalz Tilleda, das Kyffhäuserdenkmal oder auch das märchenhafte Städtchen Stolberg oder Frankenhausen mit seinen Sehenswürdigkeiten.

Anfang der 80er Jahre wurde das Haus als Ferienheim der Firma Schachtbau errichtet und 1990 einer gründlichen Sanierung und Rekonstruktion unterzogen. Heute erwarten den Gast gepflegte Restauranträume und wunderschöne Zimmer zur Übernachtung, die einen erholsamen Aufenthalt garantieren. Ab dem 10.5.1995 übernahm Familie Halupka, ausgerüstet mit langjähriger gastronomischer Erfahrung, das Haus. Vor allem für Familien mit Kindern ist das Hotel sehr attraktiv, Spielplatz und Strandbadnähe sichern fröhliche Ferientage.

Nicht umsonst wurde das Haus seiner ausgezeichneten Küche wegen in das Schlemmerlexikon aufgenommen und schon das Studium der Speisekarte läßt jedem Gast das Wasser im Munde zusammenlaufen. Dazu ein Bier aus dem vogtländischen Wernesgrün oder ein Schoppen Wein aus dem Unstruttal, so wird jeder Aufenthalt hier oben dank der gastfreundlichen Betreuung der Familie Halupka und ihrem liebenswürdigen Team zum Erlebnis.

Hotel "Barbarossa"

Inh.: Familie Halupka
Am Stausee, 06537 Kelbra/Kyffhäuser
Tel.: 034651 / 61 25 u. 420, Fax: 034651 / 42 33

geöffnet tägl. ab 11.00 Uhr

Restaurant 70 Pl.
Frühstücksraum 24 Pl.
Clubkeller m. Bar 70 Pl.
2 Seminarräume 12/16 Pl.
Terrasse 35 Pl.

6 1-Bettzimmer
2 Appartements f. 2 Pers.
22 2-Bettzimmer (Aufb. teilw. mögl.)
1 4-Bettzimmer
Sauna/Solarium

Parkplatz f. PKW u. Bus am Haus

*Die Burgruine Rothenburg am
Kyffhäuser zieht jeden Wanderer
in ihren romantischen Bann.*

*Das Hotel „Barbarossa",
über dem Stausee gelegen,
ist Rast- und Ruhepunkt
für Freunde deutscher Geschichte
und damit des Kyffhäusers.*

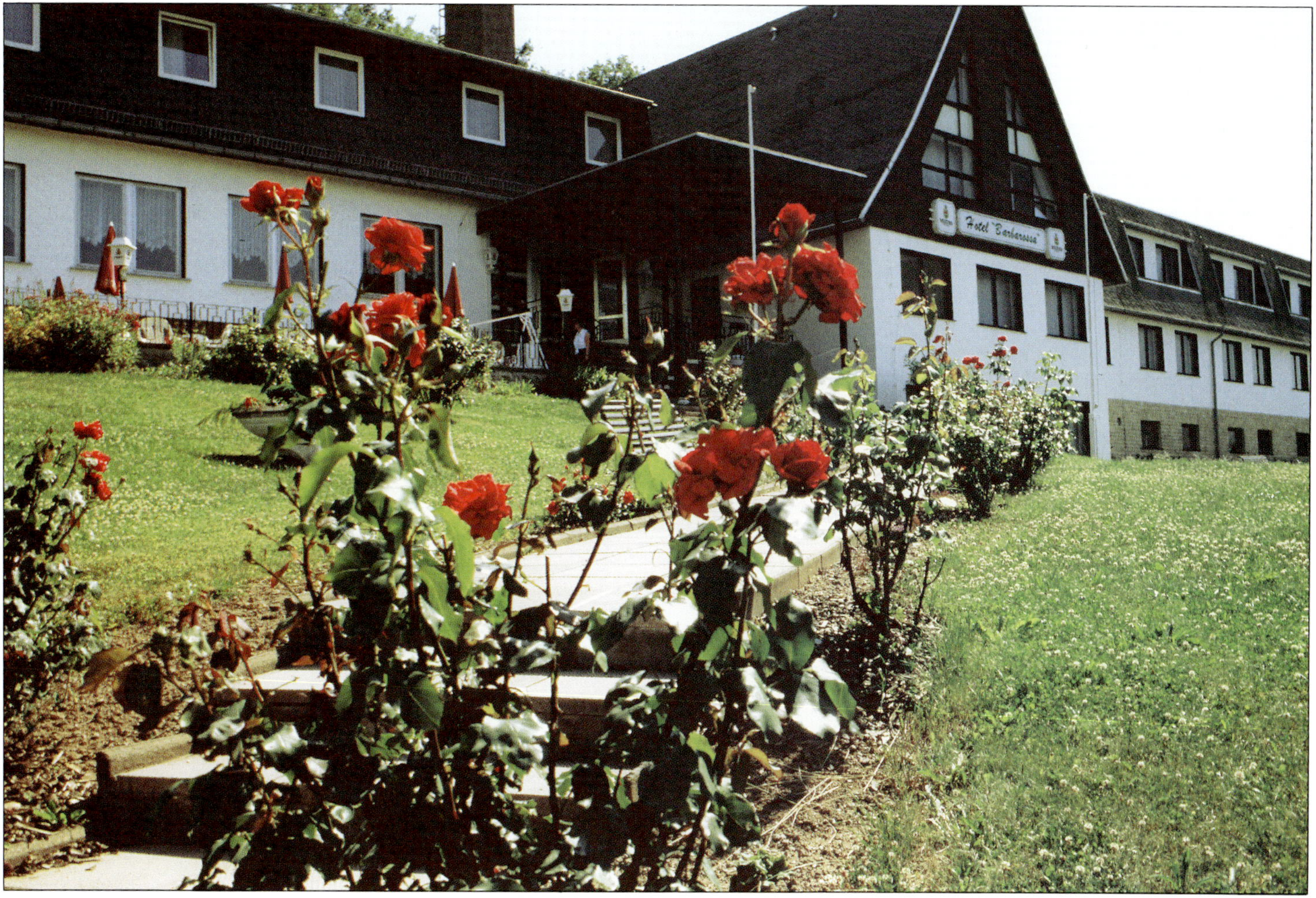
Hotel "Barbarossa"

ERHOLUNGSGEBIET TALSPERRE
Kelbra

Jedem Kraftfahrer, der auf der B 80 von Berga in Richtung Nordhausen fährt, fällt zur Linken die weite Fläche des „Kelbraer Meeres" auf. Segelboote ziehen über den Stausee und winken gewissermaßen, näher heranzukommen. Und wer die kurvenreiche Straße von Frankenhausen über den Kyffhäuser gemeistert hat, dem wird auf der Talfahrt nach Norden die Talsperre mit ihren 6 Quadratkilometern Wasserfläche einen verlockenden Gruß zublinken.
Zwischen Hainleite und Kyffhäuser einerseits und dem Harz andererseits erstreckt sich das fruchtbare Gebiet der „Goldenen Aue".
Jahrhundertelang machten aber Hochwasser die fleißige Arbeit der Bauern zunichte, im Harz niedergehende Gewitterregen oder die Schneeschmelzen im Frühjahr ließen die Helme, ein ansonsten zahmes Flüsschen, über die Ufer treten. Zum Schutz gegen Überschwemmungen wurde in den 60er Jahren in unmittelbarer Nähe von Kelbra ein Stausee errichtet, der allerdings nicht nur rein ökonomischen Zwecken diente.
Bereits ab 1969 entwickelte sich der See zu einem vielbesuchten Naherholungsgebiet. Unzählige Freunde des Freibadens und des Wassersports kamen an den Kelbraer Stausee. Nur wenige Jahre dauerte es, bis aus einem einfachen Strandbad ein Erholungsgebiet wurde, in dem Campingfreunde, Surfer, Segler und auch die Liebhaber des FKK vergnügte Stunden und Tage zubrachten. In der Tat ist dies ein Platz, der, schon von der verkehrstechnischen Seite gesehen, zum Aufenthalt verleitet. In unmittelbarer Nähe führt die B 80 von Halle nach Kassel vorüber wie auch die B 85 von Wernigerode nach Weimar, und der Bahnhof Berga ist nur etwa 4 Kilometer entfernt und zudem gibt es Buslinien, die Kelbra mit weiteren Orten verbinden.
Zu Füßen des Kyffhäusers mit seinen Burgen und Forsten bildet der See eine malerische Ergänzung der ohnehin schon reizvollen Landschaft. So war es kein Wunder, daß schon vor der deutschen Wiedervereinigung Gäste aus Halle, Erfurt, Magdeburg und anderen Zentren Ostdeutschlands den Stausee Kelbra zum Ferienziel erkoren, ganz abgesehen von den Einwohnern der näheren Umgebung, und auch unzählige Feriengäste aus osteuropäischen Ländern suchten hier Erholung.
Seit 1990 steht dieser wunderschöne Erholungsplatz auch den sonnen- und wasserbegeisterten Besuchern aus dem Westen Deutschlands und darüber hinaus aus allen Ländern Europas zur Verfügung. Das zu erreichen kostete einen immensen Aufwand an Arbeit, denn alle vorhandenen Einrichtungen mußten auf internationalen Standard gebracht werden.
Ohne die Unterstützung des Landes Sachsen-Anhalt, zu dem Kelbra gehört (die Grenze zu Thüringen verläuft unmittelbar am Stadtrand), der Kommunen, der Fremdenverkehrsvereine,

der Fördervereine und vieler freiwilliger Helfer wäre das nicht möglich gewesen.

Heute bietet sich dem Besucher eine Vielzahl von Möglichkeiten, die Urlaubstage am „Kelbraer Meer" zu einem unvergeßlichen Erlebnis werden lassen. Man muß selbst einmal hier gewesen sein, um das fröhliche und unbeschwerte Treiben im Strandbad zu erleben. Die Liegewiese bietet für jeden Platz und selbst wenn sich an heißen Sommertagen hier Tausende erholen, entsteht dennoch nicht das anderswo übliche Gedränge, es ist also Platz für jeden.

Ein internationaler Campingplatz, ebenfalls mit Strandbad und Liegewiese versehen, bietet weitere Möglichkeiten erholsamer Ferien vom Alltag. Von hier aus bieten sich Ausflüge zum Kyffhäuserdenkmal, zur Rothenburg, der Barbarossahöhle oder in die Badraer Schweiz an, und Bad Frankenhausen mit dem Bauernkriegspanorama, die alte Reichsstadt Nordhausen oder Artern sind weitere besuchenswerte Ziele. Städte wie Weimar oder Erfurt sind nach relativ kurzen Fahrzeiten erreichbar, der Harz befindet sich in Sichtweite und Stolberg, das Josephskreuz oder die Höhle Heimkehle locken zu Tagesausflügen.

So gesehen ist die Talsperre Kelbra auch ein guter Ausgangspunkt für unterhaltsame Entdeckungen der reizvollen Umgebung. Für die Gäste, die kein Zelt im Gepäck haben, stehen Bungalows und Wanderhütten zur Verfügung.

Man findet hier alles, was für einen Urlaub am Wasser vonnöten ist. Für die Kleinen gibt es einen Erlebnisspielplatz und die große Wasserrutsche zieht auch die Erwachsenen wie ein Magnet an. Ruderboote und Surfbretter sind leihweise zu haben und wer vorhat, das Segeln zu erlernen, dem steht der Wassersportservice hilfreich mit Kurzschulungen zur Seite. Deshalb ist die Hafenanlage auch immer Zentrum derer, die den See mit Booten befahren wollen.

Es gibt auch Besucher, die der Meinung sind, Wasser habe keine Balken. Auch ihnen wird hier geholfen, denn sie haben auf sicherem Land viele Möglichkeiten sportlicher Betätigung. Eine Freiluftkegelbahn ist immer umlagert, vor allem wenn Turniere um Punkte ausgetragen werden, und Tagesgäste oder Dauercamper messen sich im fröhlichen Wettstreit. Ein Fahrradausleih bietet die Voraussetzung, daß man einmal ohne Benzin die Umgebung auf gut ausgeschilderten Wegen erforschen kann, und daß die Freunde des FKK auch über einen Strandabschnitt verfügen, sei nur am Rande bemerkt.

Das umfangreiche Unterhaltungsangebot wird abgerundet durch Veranstaltungen wie Konzerte, Discos oder vielbesuchte Trödelmärkte, und geführte Wanderungen erfreuen sich großer Beliebtheit bei den Urlaubern.

Auf eine gepflegte Gastronomie braucht man nicht zu verzichten. Das Restaurant „Seeblick" beim Haupteingang zum Strandbad hat 50 Plätze und bietet einen wunderschönen Ausblick auf den Stausee. Hier kann man ausgezeichnet speisen und bei einer Flasche Wein den Tag ausklingen lassen. Wem es nach ausgiebiger Mahlzeit um die Figur bange ist, der kann sich einer Sauna bedienen. So ist der Stausee Kelbra mit seinem Erholungszentrum eine echte Alternative zu weit entfernten Urlaubsplätzen, denn weshalb sollte man – nur um Wasser, Berge und Natur zu erleben – in die Ferne schweifen, wenn doch das Gute so nah liegt.

Erholungsgebiet Talsperre Kelbra

Lange Str. 150, 06537 Kelbra/Kyffhäuser
Tel.: 034651 / 63 11

Berge, Wälder, Wasser, Sonnenschein –
was braucht man noch
für einen Urlaub am Kyffhäuser?

Der Stausee Kelbra
bietet vielfache Möglichkeiten
für Urlaub und Freizeit

89

„LANDSITZ THOMAS MÜNTZER"
Kyffhäuser

Schwerfällig rumpelt der ungefüge Planwagen auf der holprigen Straße. Die Pferde haben tüchtig zu ziehen, Salz hat sein Gewicht und der Weg von Artern nach der Freien Reichsstadt Nordhausen ist weit. Zur Rechten ziehen sich die Berge des Harzes von Ost nach West, aber die Blicke des Fuhrmanns gehen immer wieder nach Süden. Immer deutlicher werden auf dem Bergrücken des Kyffhäusers Türme sichtbar, gewaltige Mauern, Gebäudedächer. Mehr als ein Dutzend Türme zählt der Salzfuhrmann. Dies ist die gewaltige Reichsburg Kyffhausen, man sagt, es gebe keine größere in deutschen Landen. Am Straßenrand spendet eine mächtige Eiche wohltuenden Schatten. Der Fuhrmann hält an, lockert das Geschirr, dankbar nehmen die Pferde Wasser und Futter an. Drei Reiter nahen im leichten Trab, Stadtknechte sind's aus Sangerhausen. Sie halten an, schwingen sich aus den Sätteln. Wohin des Wegs, woher man kommt, die Männer plaudern. Seit längerem sei die Straße wieder sicher, teilen die Knechte mit, der schlimme Raubritter von der Falkenburg jenseits des Kyffhäusers halte sich stille.

Auch die Augen der Stadtknechte gehen hinüber zur Burg. Ja, sagt einer nachdenklich, das Leben ist doch ein fortwährendes Werden und Vergehen. Wenn man bedenke, daß noch vor über hundert Jahren dort oben Leben gewesen sei, man Feste gefeiert habe, Turniere abgehalten und Hoftanz, und nun streiche nur noch der Wind durch leere Hallen und um die Türme …

Diese Szene wird sich um 1440 vielleicht so abgespielt haben. Jahrhunderte beherrschte die mächtige Reichsburg Kyffhausen die Umgebung. Generationen von Bauleuten schafften an dem riesigen Festungswerk. Im 10. Jahrhundert war das Harzland Mittelpunkt des deutschen Königtums, noch heute zeugen Pfalzen und Burgen davon. Der König war viel auf Reisen, als oberster Richter wurde er allenthalben gebraucht und so wurden viele Stützpunkte notwendig, um den Hof für Tage und Wochen aufzunehmen und zu versorgen. Heinrich IV. wird die erste Burganlage zugeschrieben. Die Oberburg war noch relativ klein, aber im Laufe folgender Jahrzehnte wurde der Bau ständig erweitert, bis er eine Ausdehnung von etwa 600 Metern in der Länge erreichte. Auch unter Friedrich Barbarossa wurde die Festung weiter ausgebaut und zwar 1150–60, allerdings war der Kaiser dem Vernehmen nach nie hier oben. Er war auf einem Kreuzzug in einem Fluß ertrunken und wurde fern der Heimat beigesetzt, aber da das niemand glaubte, entstand die Sage vom Kaiser Rotbart, der tief im Kyffhäuser im unterirdischen Schlosse schläft, bis die Einheit des Reichs wieder hergestellt sei, dann aber werde er hervortreten und das Regiment übernehmen.

Die Ruinen der Reichsburg vermitteln einen unvergeßlichen Eindruck von Macht, Größe und bestaunenswerter Baukunst. Der Kyffhäuser ist kein Ort, den man im „Touristengalopp" durchquert. Hier fordert jede Mauer

Besinnung. Staunend steht man vor den riesigen Mauern der Unterburg und fragt sich, wie ein solcher Bau mit relativ einfachen Mitteln überhaupt möglich war. Das Staunen und die Ehrfurcht vor der Kunst der Alten setzt sich fort, bis man das weithin sichtbare Kyffhäuserdenkmal auf dem Gipfel erreicht. Hier ist zusammengefaßt, was die uralten Mauern dem Besucher zuvor aus der Geschichte zuraunten. Man steht vor dem Kaiser Rotbart, der soeben aus seinem vielhundertjährigen Schlaf erwacht ist. Hoch über ihm reitet Wilhelm I., der erste Kaiser nach der Reichseinigung von 1871, aus dem Turm.

Das riesige Denkmal ist voller Symbolik um die deutsche Geschichte. Am 18. Juni 1896 wurde es nach 4jähriger Bauzeit der Öffentlichkeit übergeben und seither ist der Besucherstrom nie abgerissen. Weit reicht der Blick vom 69 Meter hohen Turm über die Lande und eröffnet unbeschreiblich schöne Fernsichten. Das kleinste deutsche Mittelgebirge ist zugleich einer der größten Anziehungspunkte für Freunde der deutschen Geschichte geworden. Dem Besucher steht reichhaltiges Informationsmaterial zur Verfügung und freundliche Begleiter führen die Touristen sachkundig durch das Bauwerk. Man sollte der Burg und dem Denkmal ein paar Tage schenken.

Wo der Aufstieg beginnt, befindet sich der gastfreundliche Landsitz „Thomas Müntzer". Obwohl das Haus direkt an der Zufahrtsstraße zum Burgparkplatz liegt, gewährt es dennoch erholsame Ruhe für den wandermüden Gast. Mächtige alte Linden, gleichsam Hüter des Ortes, empfangen den Besucher. Sieben Häuser stehen zur Verfügung, sie stehen mitten im Wald und bilden eine kleine geschlossene Siedlung, die dem Besucher Erholung verheißt. Die Gäste sprechen von einem „Kyffhäusererlebnis", das durch den Aufenthalt in diesem gastlichen Haus vollständig wird.

In den 70er Jahren errichtete die Firma SKL in Magdeburg das Gebäudeensemble als Ferienheim für die Mitarbeiter. Die freundlichen weißen, mit grauem Naturschiefer gedeckten Häuser, fügen sich harmonisch in das Bild der Umgebung und wirken allein dadurch schon einladend. Man wird neugierig und tritt näher. Dann trägt ein sanftes Lüftchen verlockenden Duft aus der Küche heran und befördert damit den Entschluß, einzutreten.

1992 übernahm die „Tourismus-Interessengemeinschaft GmbH" das Haus und unterzog es zunächst einer gründlichen Modernisierung und Renovierung. Damit stehen dem Gast heute Restaurant, Klubräume, Café und Terrasse zur Verfügung, und die mit allem Komfort ausgestatten freundlichen Zimmer bieten erholsame Ruhestunden. Der Gast soll sich wie zu Hause fühlen, versichert der Chef des Hauses Johannes Domin, und in der Tat setzt sein Team dieses Versprechen erfolgreich in die Realität um. Küche und Keller bieten alles, was buchstäblich das Wasser im Munde zusammenlaufen läßt: Thüringer Gerichte, Wildbret frisch vom Jäger, selbstgebackenes Brot und Kuchen, Spanferkel und viele andere Genüsse sind das eine, Konzertveranstaltungen im Garten des Landsitzes das andere. So verbringt man fröhliche und besinnliche Stunden in diesem Hause, wird verwöhnt und demnach fällt die Entscheidung leicht, sich beim nächsten Kyffhäuserbesuch den Landsitz „Thomas Müntzer" wieder als Domizil zu erwählen.

Hotel-Restaurant-Café „Landsitz Thomas Müntzer"

Geschäftsführer: Johannes Domin
Kyffhäuser 03, 06567 Kyffhäuser
Tel./Fax: 034651 / 23 81 u. 23 82

geöffnet tägl. ab 8.00 Uhr

Restaurant 50 Pl.
Jagdzimmer 15 Pl.
Café 40 Pl.
Terrasse 80 Pl.
Biergarten 120 Pl.

4 2-Bettzimmer
2 Appartements b. 4 Pers.
1 3-Bettzimmer
14 2-Bettzimmer m. Aufbettung

Kutschfahrten-Zubringer zur Eisenbahn
Parkplatz am Haus

Wahrzeichen deutscher Geschichte – das Kyffhäuserdenkmal

Bild Seite 93:

Sieben wunderschöne Häuser zu Füßen des Denkmals – der Landsitz „Thomas Müntzer"

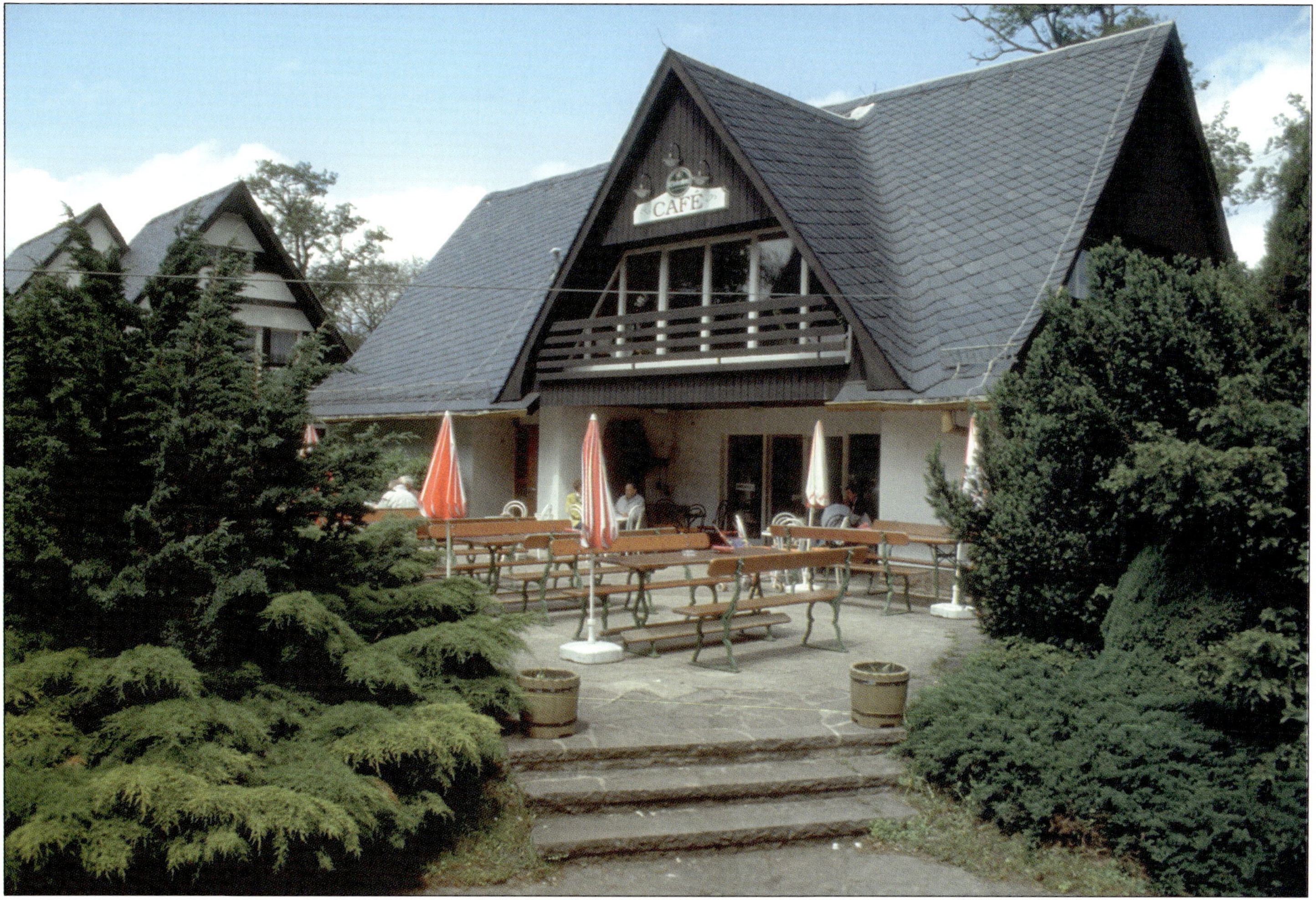
CAFÉ

WALDGASTSTÄTTE „SENNHÜTTE"
Kyffhäuser

Untrennbar ist der Kyffhäuser mit den Sagen um Kaiser Friedrich Barbarossa verbunden. Der Kaiser sitzt in einem unterirdischen Saal an einem steinernen Tisch. Alle hundert Jahre erwacht er aus seinem Zauberschlaf und fragt, ob die Raben noch um den Berg fliegen. Wenn das bejaht wird, schläft der Kaiser für weitere hundert Jahre. Mittlerweile, vermutlich weil's dem Hoffriseur zu langweilig wurde, ist ihm sein Bart schon durch den Tisch und bis auf den Boden gewachsen ... Und die Raben fliegen immer noch wie eh und je ...

Man erzählt von einer Prinzessin, die den Kaiser bedient. Ab und zu geht das Mädchen aus dem unterirdischen Schloß und wer das Glück hat, es zu treffen, dem werde eine Audienz beim Kaiser zuteil. So saß ein Schäfer auf dem Berg und blies auf der Schalmei. Das hörte die Prinzessin und da der Kaiser Musik liebte, erzählte sie dem Alten am Steintisch von dem Schäfer. Alsbald stand ein Zwerg vor dem Hirten und hieß diesem, ihm in den Berg zu folgen, und das tat der junge Mann auch tapfer. Zwar erfreute er den Kaiser mit einem Ständchen, aber als die Frage nach den Raben kam und diese immer noch flogen, wurde der Kaiser traurig und versank wieder in Schlaf.

Den Kyffhäuser sollte man zu Fuß durchstreifen, erst dann erschließt er seine ganze zauberhafte Schönheit. Er ist zwar das kleinste deutsche Mittelgebirge, dennoch aber mit allem ausgestattet, was zu einem ordentlichen Gebirge gehört. Die Wege führen durch herrliche Laub- und Mischwälder, durch Täler, auf Höhen, und immer wieder wird der Wanderer durch neue überraschende Ausblicke gefesselt. Zum Glück sind es nur wenige, die einmal die belebte B 85 verlassen und daran liegt es auch, daß man mitunter stundenlang mit der Natur allein und also ganz eins ist.

Auf dem Kyffhäuser geht man in den Spuren der Geschichte. Mindestens fünf Burgen bewachten im frühen Mittelalter das Gebirge und sein Vorland. Teils erreichten sie überregionale Bedeutung wie die Reichsburg Kyffhausen, teils rutschen sie auf den Status des Raubritternestes ab wie die Falkenburg.

Neben dem hochaufragenden Denkmal auf dem Areal der Reichsburg ist der Fernsehturm auf dem Kulpenberg ein weiteres Wahrzeichen des Gebirges. Bis 1889 war er ein beliebtes Ausflugsziel. Von einem Aussichtsrestaurant und einer Aussichtsplattform war die gesamte Umgebung überschaubar, aber die damalige Bundespost schloß den Turm aus Gründen, die kein Tourist oder Kenner des Kyffhäusers versteht, und offenbar tut es die Post dem Kaiser nach: sie scheint auf Anfragen hinsichtlich der Wiedereröffnung des Turmes auch in einen kaiserlichen Schlaf versunken zu sein.

Dennoch ist man, was Fernblicke betrifft, nicht nur auf den TV-Turm angewiesen. Überall entdeckt man gute Aussichtspunkte ins Land. Nach Süden begrenzt die Hainleite den Horizont, man entdeckt die Sachsenburgen und bei klarer Sicht den Thüringer Wald oder den Ettersberg bei Weimar. Im Norden eröffnet sich das Panorama des Harzes vom Mansfelder Land bis nach Niedersachsen zum Hochharz. Im Osten entdeckt man das Mansfelder Land und die gewaltigen Halden der einstigen Kupferbergwerke bei Sangerhausen, und westlich fesselt der Stausee bei Kelbra das Auge, und man schaut über die „Goldene Aue" bis zu den Türmen der alten Freien Reichsstadt Nordhausen. So wird jede Wanderung durch den Kyffhäuser mit jeweils anderen landschaftlich Schönheiten und bezaubernden Ausblicken belohnt. Ausgezeichnet beschilderte Wege führen durch das Gebirge, es gibt sehr gutes Kartenmaterial und eigentlich braucht man nur etwas mehr Zeit, denn der Kyffhäuser läßt sich nicht im Trab erschließen.

Die Waldgaststätte „Sennhütte" bietet sich als ideale Basis für längere und kürzere Streifzüge durch das Gebirge an. Von Frankenhausen aus zweigt das Napptal östlich der B 85 ab. Eigentlich ist es mehr eine romantische Waldschlucht zwischen steilen waldbestandenen Abhängen. 1931 war es, da kam die Gastwirtin Elisabeth Eggert aus Frankenhausen auf die glückliche Idee, in diesem Tal eine „Sommerwirtschaft" zu errichten. Mit Kaffee und Kuchen sollte den Wanderern Erfrischung und Stärkung geboten werden. Damals war es Mode, derartige Etablissements mit klangvollen Namen aus der Alpenwelt zu versehen. So nimmt es nicht wunder, daß Frau Eggert diesen Modetrend mitmachte und das Haus also den Namen „Sennhütte" erhielt, und den trägt es auch heute noch.

Binnen kürzester Zeit hatte es sich herumgesprochen, daß man in diesem Hause ausgezeichnet versorgt wurde. Damit avancierte die „Sennhütte" zu einem beliebten Ausflugslokal. Von der ursprünglichen Sommerwirtschaft kam man nach einiger Zeit ab, es gab auch zu anderen Jahreszeiten genügend Naturfreunde, die sich von den bunten Laubwäldern im Herbst und von den bizarren Raureifpreziosen des Winters verzaubern ließen, und die ersten Buschwindröschen und Veilchen lockten ebenso die Wanderer ins Gebirge.

1955 verkauften die Eggerts das Haus an den Staat. Nun nutzten verschiedene Firmen die Sennhütte als Ferien- und Erholungsheim. In den 80er Jahren erweiterte die Firma Cottana in Mühlhausen den Bau dergestalt, daß Bungalows und Terrasse dazukamen, das Haus zu seinem heutigen Aussehen kam. Nach 1990 wurde es zunächst still in der Sennhütte. Das traditionsreiche Haus schien dem Untergang geweiht, aber da traten die Familien Blume und Illiger auf den Plan und nahmen sich der verwaisten Sennhütte an.

Zunächst wurde gründlich renoviert und modernisiert. Die Wiedereröffnung brachte dem Haus bald wieder seinen guten Ruf ein. Bis an den fernen Wolfgangsee ist die „Sennhütte" inzwischen bekannt. Berühmte Maler wie Prof. Tübke oder Werner Haselhuhn sind hier zu Gast, ebenso in- und ausländische Spitzensportler. Die weitestgereisten Gäste kommen aus Kapstadt, Algerien, den USA oder Irland. Der Grund sind die bequemen Unterkünfte und die gute Küche, und die Wildgerichte haben mittlerweile ebenso ihre Fans gefunden wie das Essen vom heißen Stein.

Die „Sennhütte" bietet Thüringer Gastlichkeit im besten Sinne und läßt damit einen Besuch des sagenumwobenen Gebirges immer wieder zu einem Erlebnis werden.

Waldgaststätte „Sennhütte"

Besitzer: Fam. Blume, Fam. Illiger
Napptal 2, 06567 Bad Frankenhausen
Tel./Fax: 034671 / 21 73 u. 41 02

geöffnet tägl. ab 11.30 Uhr

Restaurant 100 Pl.
Jagdzimmer 12 Pl.
Biergarten/Terrasse 80 Pl.

Im Haus 2 1-Bettzimmer
5 2-Bettzimmer
1 3-Bettzimmer

In hauseigner Pension 2 1-Bettzimmer
9 2-Bettzimmer
2 2-Bettzimmer m. Aufbett.
Klubraum f. Hausgäste 40 Pl.

Parkplatz

Ausgangspunkt für Wanderungen in das Kyffhäusergebirge ist für unzählige Besucher die romantisch gelegene „Sennhütte", die auf eine lange gastronomische Tradition zurückblickt.

97

LANDGASTHOF „ZUM RING"
Ringleben

Die Leute von Ringleben waren von je ein Völkchen für sich. Wo sonst in Deutschland gibt es noch ein Dorf, das es den Städten gleichtat und sich zum Schutz eine Dorfmauer erbaute? Als in den Annalen des Klosters Hersfeld im Jahre 785 der Ortsname erstmalig erwähnt wurde, gab es diese Dorfmauer mit Sicherheit noch nicht. Erst später schirmten sich die vorsichtigen Ringleber gegen Räuber und Wegelagerer ab und sie taten gut daran. So blieben sie im Gegensatz zu vielen anderen Dörfern über Jahrhunderte frei von Feudalherren. Das Bauerndorf wurde zum befestigten Marktflecken und noch heute zieht der „Kupperturm" als Rest der einstigen Befestigung die Blicke auf sich. Der Name des Turmes hat nichts mit Kupfer zu tun, auch seine rote Farbe ist nicht Ursache dafür, er wurde abgeleitet vom Turmwächter Kupper, der dieses Amt in seiner Familie vererbte und so wachten die Kuppers mindestens schon seit dem 30jährigen Krieg auf dem Turm über das Wohlergehen Ringlebens. Anstelle der Türmer hat sich nun ein Storchenpaar auf dem Turm niedergelassen und ist somit zum weiteren Wahrzeichen des Dorfes geworden.

Der Ortsname wird so erklärt, daß einst ein Ringo den Platz zu Lehen bekam, denn im weitesten Sinne waren die Mansfelder Grafen auch für diese Gemeinde zuständig. Übrigens weilte im Frühjahr der Bauernprediger Thomas Müntzer im Pfarrhaus von Ringleben, wie überhaupt vieles in der Umgebung von den Ereignissen der Schlußphase des Bauernkrieges geprägt wurde.

Die Einwohnerschaft von Ringleben entwickelte sich im Verlaufe der Geschichte zu einer „Dreiklassengesellschaft", wie man heute scherzhaft sagt. Da waren zunächst die großen Bauern und begüterten Handwerker, die sich im Gasthof „Ring" trafen, um da Politik im engeren und weiteren Sinne zu treiben. Der Verein „Concordia", dem die weniger Begüterten angehörten, tagte hingegen in der Gemeindeschenke, und drittens hatte sich die Feuerwehr nebst den anderen Vereinen das Gasthaus Schildt als Domizil erkoren.

Diese Hierarchie bedeutete aber nicht, daß die Ringleber in Krisensituationen unterschiedliche Standpunkte vertraten. Wenn Not am Mann war, rückten die „drei Klassen" geschlossen dem jeweiligen Problem zu Leibe. Beispielsweise befand sich in unmittelbarer Nähe der Gemeinde zeitweise die Grenze zu Preußen. Die Preußen hatten mit der ihnen eigenen Akribie Dämme anlegen lassen, um die Äcker auf ihrem Gebiet vor Hochwasser zu schützen. Dafür wurden die Ringleber Felder überschwemmt. Kurz entschlossen durchstachen die Ringleber die Dämme, was nun die Preußen auf den Plan rief. Es ging hart auf hart, es gab blutige Nasen, mit einem Wort, die Ringleber ließen nicht mit sich spaßen.

Als die Eisenbahn von Artern nach Frankenhausen gebaut wurde, spielten die Ringleber nicht mit. Der Bahnbau lockte Knechte und

Gesellen aus der Arbeit. Heimlich steckten die Bauern nachts die Pfähle um, die die Trasse kennzeichneten und verbannten damit die Bahn aus ihrem Hoheitsgebiet. Sie waren eben eine verschworene Gemeinschaft, wenn es um das Gemeinwohl ging, und sie hatten eigene Ortsgesetze, die zum Beispiel jeden Einwohner zu angemessenen Hand- und Spanndiensten beim Straßen- und Wegebau oder bei anderen gemeinnützigen Vorhaben verpflichteten.

Der berühmte Sängerkrieg auf der Wartburg ist so einmalig nicht, davon wissen die Ringleber ein Liedlein zu singen. Anläßlich eines großen Chortreffens ließen die pfiffigen Dörfler ein Kind sich mit dem Ortsnamensschild so postieren, daß das Schild vor einem anderen guten Chor auftauchte und somit diese Sänger für Ringleben mitsangen. Der Ortschronist Hans Klemm-Lorenz ist ein guter Gesprächspartner für den wissensdurstigen Gast, und er steckt voller Geschichten und historischem Wissen über sein Dorf und das gibt er auch gern an den Besucher weiter.

1857–58 erbauten sich die Ringleber an der "Dorfmauer", wo einst das Frankenhäuser Tor war, einen neuen Gasthof. Das Tor ist vergangen, nicht aber der wunderschöne Dorfgasthof. Zuerst wurde das Haus verpachtet, aber 1886 verkaufte die Gemeinde den Gasthof an die Brauerei Gilke in Frankenhausen. Fortan wirkte die Familie Biermann im "Ring" als Pächter und diese Familie mit dem beziehungsreichen Namen wurde später auch Eigentümer des Hauses. Die Biermanns waren Brauer und Gastwirte schon seit Generationen. Der "Ring" wurde vergrößert, eine Fleischerei kam hinzu, Fremdenzimmer wurden eingerichtet und bald besaß der Gasthof einen weithin ausgezeichneten Ruf. Man war des Lobes voll über den freundlichen Umgangston, die bequemen Zimmer und ein übriges tat Mutter Biermann mit ihrer ausgezeichneten herzhaften Küche.

Diese Tradition setzte sich bis 1957 fort. Erst dann ging der berühmte Gasthof an die Familie Meissner über, die ihn in guter Qualität weiterführte, bis schließlich 1987 die Familie Silter das Haus übernahm. Langjährige gastronomische Erfahrungen des Chefs und seiner Angehörigen geben auch heute die Garantie für beste Versorgung und Betreuung des Gastes. Ab 1990 wurde der ehrwürdige Gasthof kontinuierlich einer Verjüngungskur unterzogen. Sowohl im Restaurant wie auch in den Hotelzimmern wird die fleißige Arbeit der Silters sichtbar. Immerhin wurde fast alles in Eigenleistung modernisiert und auf neuesten Stand gebracht, um auch gehobenen Ansprüchen gerecht zu werden.

Im Restaurant fesselt ein riesiges Gemälde des Kyffhäuserdenkmals den Blick. Verschmitzt lächelnd erzählt Bernd Silter, daß vor über 80 Jahren ein mittelloser Maler den Gasthof "heimsuchte" und das Bild als Begleichung für Speis, Trank und Bett hinterließ. Diese Art Bezahlung ist heute etwas aus der Mode gekommen. Man zahlt bar für die Leckereien der Thüringer Küche, von denen der "Thüringer Teller" oder der "Feinschmeckertopf" nur als Anregung erwähnt werden.

Ringleben bietet sich als gute Basis für Ausflüge in die nähere und weitere Umgebung an. Der Leser ist gut beraten, wenn er sich den Landgasthof "Zum Ring" als Hauptquartier erwählt, denn dieser Familienbetrieb bietet die besten Vorausetzungen für einen erholsamen Urlaub in einem echten Thüringer Bauerndorf.

Landgasthof "Zum Ring"

Bes.: Familie Silter
Frankenhäuser Str. 44, 06556 Ringleben
Tel.: 03466 / 3 12 04

geöffnet: tägl. ab 7.00 Uhr

Restaurant 45 Pl.
Gesellschaftszimmer 20 Pl.
Klub-/Konferenzraum b. 80 Pl.
Biergarten 50 Pl.
Bistro 25 Pl.

2 1-Bettzimmer
4 2-Bettzimmer (Aufbettung mögl.)
1 Appartement

Parkplatz am Haus
Kinderspielplatz

Kirche und Kupperturm sind die bedeutendsten architektonischen Wahrzeichen von Ringleben.

Urgemütlich und gastfreundlich geht es im Landgasthof „Zum Ring" allemal zu – man glaubt von der ersten Minute an, schon immer dazugehört zu haben.

HOTEL-RESTAURANT „UNSTRUTTAL"
Roßleben

Südöstlich von Artern wird das Unstruttal von den Höhen der Hohen Schrecke begleitet. Ebenso wie die Hainleite ist auch die Hohe Schrecke ein reizvolles Ausflugs- und Wanderziel, das den Besucher mit ausgedehnten Laubwäldern empfängt und Erhebungen, die zwar nicht die Höhenwerte von Hainleite und Kyffhäuser erreichen, dennoch aber malerische Rundblicke sowohl ins Unstruttal, in die Diamantne Aue und auch ins Thüringer Becken gestatten. Dies ist eine Gegend, die unter Naturfreunden als Geheimtip gilt. Hier hat der laute Massentourismus noch nicht das Wild aus den Forsten vertrieben, hier lebt der Wald noch für sich und bietet Stille und Erholung pur.

In Sichtweite der Hohen Schrecke liegt Roßleben, ein Ort, der auch wie alle anderen in diesem Buch erwähnten, auf eine lange und interessante Geschichte zurückblicken kann.

Bereits in Jahre 840 taucht der Name erstmalig im Hersfelder Zehntverzeichnis auf. Der Wasserreichtum des Flusses, verbunden mit dem angenehmen Klima wird aber schon viel länger vorher Menschen veranlaßt haben, sich in dieser Gegend anzusiedeln. Funde aus der grauen Vorzeit belegen das eindringlich. Eine Sensation für die Wissenschaftler war die Entdeckung des Homo erectus von Bilzingsleben, dessen Alter auf 300 000 Jahre geschätzt wird, und eine Vielzahl von Bodenfunden deutet darauf hin, daß man schon früher den Wert dieser Gegend um das heutige Roßleben zu schätzen wußte.

So finden sich auch in der näheren Umgebung Roßlebens Zeugnisse dieser Bedeutung, seien es nun die Kaiserpfalzen von Memleben und Tilleda, sei es die uralte Salzstraße oder auch die Reichsburg Kyffhausen. Seine besondere Bedeutung im Mittelalter erhielt Roßleben jedoch durch das Kloster, das die Grafen von Wippra im Jahre 1140 für die frommen Augustiner gründeten. 1250 wurde es in ein Zisterzienser-Nonnenkloster umgewandelt, das bis 1525 bestand. Da befand sich der Bauernkrieg in Thüringen in seiner letzten Phase und in diesem Jahr wurde das Kloster zu Roßleben gestürmt und aufgelöst.

Das war aber auch die Zeit, in der das Wissen der Menschen erweitert wurde und Bildung und Erziehung hohen Stellenwert bekamen. Bereits 1549 beauftragte daher Heinrich von Witzleben auf Wendelstein den Gelehrten Georg Fabricius, im verwaisten Kloster eine Schule einzurichten. So entstand die berühmte Klosterschule Roßleben, eine Bildungseinrichtung, die bald weit über die engeren Grenzen hinaus bekannt wurde und der viele spätere Gelehrte ihre erste Ausbildung verdankten. Der erste Rektor war Isaac Faust, ihm folgten weitere namhafte Pädagogen.

Der 30jährige Krieg ging an Roßleben nicht spurlos vorüber. 1631, 1632 und 1639 plünderten Schweden oder Kaiserliche Ort und Schule, darunter die spätestens seit Schillers „Wallenstein" bekannten und berüchtigten Pappenheimer. Ein schwerer Schicksalsschlag suchte Roßleben 1686 heim. Kaum waren die

Wunden des großen Krieges halbwegs vernarbt, verwüstete ein Großfeuer den Ort und auch die Schule. Über hundert Jahre dauerte es, bis der Lehrbetrieb in neuerbauten Häusern wieder aufgenommen werden konnte. Bis auf den heutigen Tage werden seitdem an diesem traditionsreichen Platz junge Menschen zur Studienreife geführt. Noch heute stellt aber das Schulgebäude auch eine architektonische Kostbarkeit dar, man sollte also eine Besichtigung unbedingt einplanen.

Überhaupt bietet Roßleben vor allem für den historisch interessierten Besucher viel Sehenswertes in der Umgebung. Nur wenige Kilometer entfernt findet sich die Kaiserpfalz Memleben mit einer romanisch-gotischen Klosteranlage. In Sichtweite Roßlebens erhebt sich die Burg Wendelstein, 1312 erstmalig erwähnt. Von ihren Bastionen genießt man herrliche Ausblicke auf die Unstrut. Bad Frankenhausen und der Kyffhäuser laden ebenso zum Wandern und Besehen ein wie Artern, und der Naturfreund kommt im Naturschutzgebiet „Bottendorfer Höhen", das vor allem durch seine einzigartige eurasische Steppenflora bekannt wurde, voll auf seine Kosten.

Mit einem Wort: Roßleben ist durchaus eine Reise wert, um sich näher mit dem freundlichen Ort zu befassen, aber auch, um hier in Ruhe und idyllisch-ländlicher Umgebung ganz einfach einmal auszuspannen. Für ein solches Vorhaben bedarf es jedoch eines empfehlenswerten Quartiers und so kann dem Leser mit Fug und Recht geraten werden, sich dem Hotel „Unstruttal" zuzuwenden.

1992 übernahm die „Tibor-Gruppe", die sich vorwiegend mit Erwachsenenweiterbildung befaßt, vom damaligen Kaliwerk Roßleben einen Gebäudekomplex. Bis 1990 etwa dienten die Häuser als Wohnheime für Mitarbeiter des Schachtes. Nachdem die Förderung eingestellt wurde, nahmen sich Tibor-Gruppe und Univer-GmbH (eine Gesellschaft zur Förderung des Unstruttales) der Häuser mit der Zielstellung an, neben einem Bildungszentrum für den Ort zugleich auch ein niveauvolles Hotel in Verbindung mit einem leistungsfähigen Einkaufszentrum zu schaffen.

Das anspruchsvolle Vorhaben forderte sowohl von der Leitung als auch von den Mitarbeitern einen hohen Einsatz an Ideen und Leistungen. 1993 wurde mit einer grundhaften Sanierung und Modernisierung der beiden Häuser begonnen. Zunächst wurde der Komplex Bildung fertiggestellt, dann folgte das so dringend benötigte Einkaufszentrum, in dem man buchstäblich alles finden sollte, was für's tägliche Leben gebraucht wird, und schließlich wurde der Hotelkomplex in Angriff genommen. Das war 1994.

Freundliche Restauranträume entstanden, die Zimmer wurden auf modernsten Standard gebracht, und in der neuen Küche wurde für das leibliche Wohl der Gäste gesorgt. Heute stellt sich das Hotel „Unstruttal" als ein Haus vor, in dem der Gast freundlich und umsichtig betreut wird. Von hier aus bieten sich alle Möglichkeiten, die reizvolle Umgebung zu erkunden, und selbst ein verregneter Tag fällt dann nicht ins Gewicht, da kann man genüßlich durch das Einkaufszentrum bummeln. Bemerkenswert ist die gutbürgerliche Küche und auch, daß man die edlen Unstrutweine hier direkt aus den Weingütern bezieht. Schon plant man einen Erweiterungsbau und die Einrichtung von Sportmöglichkeiten für 1996, und obwohl das Hotel noch relativ jung ist, kann es dennoch schon auf einen beachtlichen Kreis von Stammgästen verweisen, die Roßleben und sein Hotel sehr zu schätzen wissen.

Hotel-Restaurant „Unstruttal"

Geschäftsführer: Uwe Seemeier
Sängerweg 1, 06571 Roßleben
Tel.: 034672 / 9 93 00, Fax: 034672 / 8 22 32

geöffnet tägl. ab 6.00 Uhr

Restaurant 35 Pl.
3 Konferenzräume à 25–30 Pl.
Biergarten 40 Pl.

4   1-Bettzimmer
17 2-Bettzimmer (Aufbettung mögl.)

Parkplatz am Haus

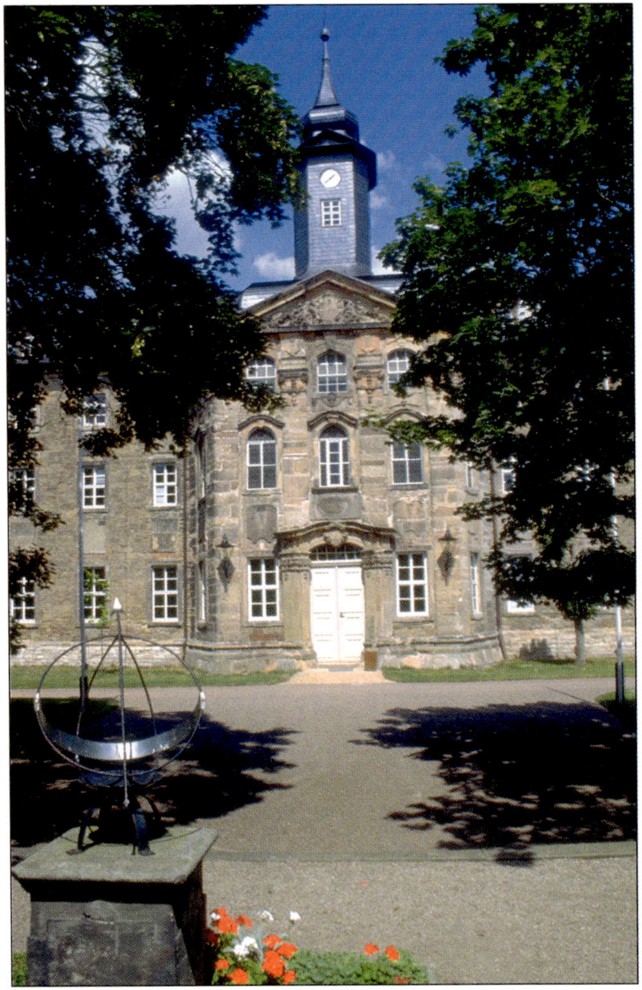

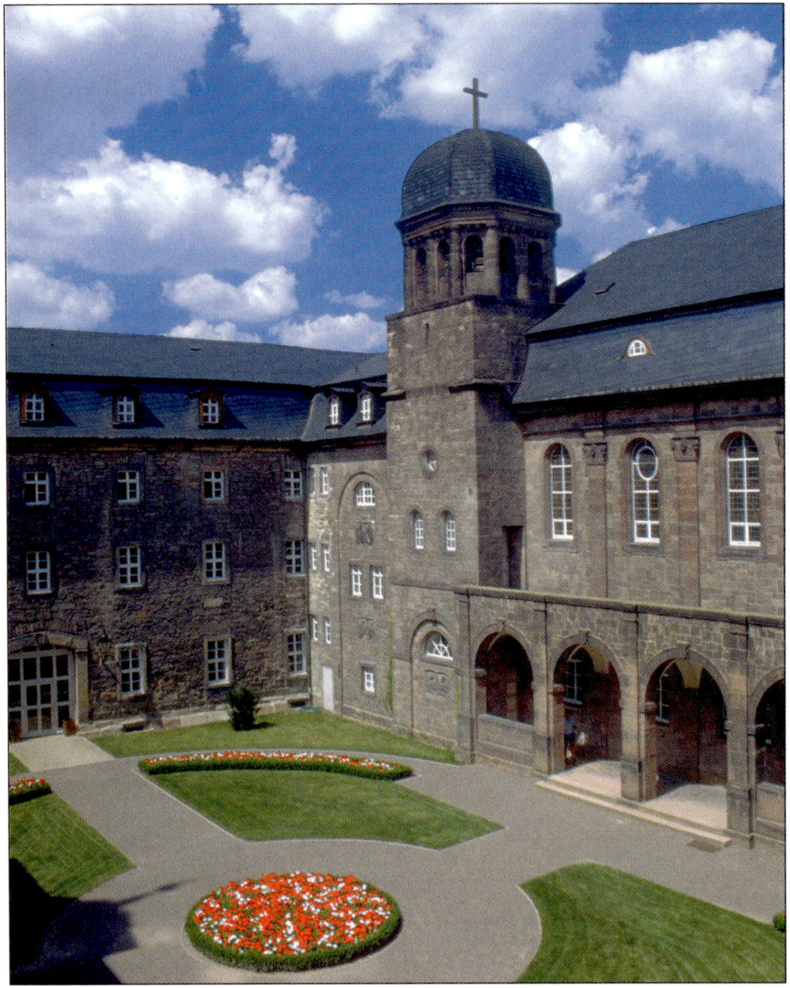

Das Hotel „Unstruttal" –
hier wird der Gast umsorgt,
als sei er zu Hause

Hort humanistischer Bildung
und geistigen Lebens –
die berühmte Klosterschule
zu Roßleben

RESTAURANT-CAFÉ „BARBAROSSAHÖHLE"
Rottleben

Der Leser wird an die Zeilen des Gedichtes im Vorwort erinnert. Da ist die Rede vom Kaiser Friedrich Rotbart, der sich im unterirdischen Schloß verborgen hält, um dort auf die Wiederkehr ins geeinte Deutschland zu warten. Insgeheim wurde die Sage belächelt. Ein Schloß im Berge? Wie sollte das wohl angehen?

Unsere Geschichte beginnt mit der Falkenburg. In der Nachbarschaft zur vielgenutzten Salzstraße hatte sich der Ritter Hans auf einem steilen Felsvorsprung eine Burg errichten lassen. Eigentlich wollte man die Salzfuhrleute beschützen, aber das brachte nicht den Gewinn, den man erhoffte. So verfiel der edle Herr auf den Gedanken, sich Reichtum mit Gewalt zu schaffen. Mit einem Wort, er mauserte sich zu einem gefürchteten Raubritter. Wer es wagte, sich ihm zu widersetzen, dem setzte er den „Roten Hahn" auf's Dach. Jedermann duckte sich zähneknirschend und zahlte lieber den letzten Heller, als über die Klinge springen zu müssen. Dann machte Ritter Hans einen schwerwiegenden Fehler, er vergriff sich an einem Nordhäuser Fuhrmann. Die Reichsstadt schützte ihre Bürger! So dauerte es nicht lange und man hatte ein Heer beisammen und rückte damit dem Raubritter auf den Pelz. Das war 1458. Drei Tage dauerte die Belagerung. Dann gaben die Räuber auf, wurden gefangen, davongeführt, und die Burg machte man unbrauchbar.

Jahrhunderte wurde es still an diesem Platz. 1860 machten sich Bergleute unterhalb der Falkenburg daran, einen Stollen in den Kyffhäuser zu treiben. Kupfer wurde vermutet, wie man es im Mansfeldischen fand. 178 Meter hatten die Bergleute sich in den Fels vorgearbeitet, als sie plötzlich auf unbekannte gewaltige Hohlräume stießen. Nun sind solche „Schlotten" im Kupferbergbau nichts Ungewöhnliches, aber die Entdecker bemerkten doch die außergewöhnliche Schönheit der unterirdischen Räume. So stellte man die Kupfersuche ein und erschloß die neuentdeckte Höhle der Öffentlichkeit. War man gar auf das geheimnisvolle Schloß des Kaisers gestoßen?

So bürgerte sich der Name „Barbarossahöhle" schnell ein und wurde zum Begriff im Fremdenverkehr. Um den Sagenliebhabern entgegenzukommen, wurde im „Tanzsaal" ein riesiger Steintisch mit Thron aufgebaut; da also sollte der Kaiser seine Zeit zubringen, wenn er nicht vor den Höhlenbesuchern ausriß ...

Exakte Informationen zur geologischen Lage, Entstehung und Struktur der Höhle bekommt der Besucher nämlich während einer Führung untertage. Der Besuch der Höhle ist ein Abenteuer und zugleich ausgezeichneter Anschauungsunterricht über das Wirken der Natur. Stets verstummen die Besucher ehrfürchtig, wenn sie den „Empfangssaal" betreten und der gewaltige Eindruck weiterer riesiger Höhlenräume wird umso stärker, je weiter man in die

Tiefen des Kyffhäusers vordringt. Dabei ist der Gesamtumfang des Höhlensystems noch nicht vollständig erschlossen, obwohl der Besucher jetzt schon über 1,5 Kilometer zurücklegt. Kleine „Seen" spiegeln bizarre Felsformationen der Decken wider. Atemberaubend die „Kristallkammer", deren Decke von unzähligen Gipskristallen übersät ist, so daß man sie für funkelnde Wassertropfen hält.

Seit 1895 ist die Höhle elektrisch beleuchtet. Im Laufe der Zeit hat man mit weiteren Lichtquellen überraschende Effekte erzielt, ohne in Naturkitsch zu verfallen. Die Gesteinsbildungen der „Gerberei", die den Eindruck herabhängender Häute erwecken, sind ebenso Gegenstand des Staunens wie ungezählte andere seltsame Felsbildungen, die die Natur in Jahrmillionen schaffte. Ein Besuch in dieser Höhle erweckt stets Ehrfurcht vor unserer Mutter Natur und ihrem Wirken, und oft stellt man sich plötzlich die Frage, wie denn der Mensch mit eben dieser Natur umgeht, die ihm doch letztlich erst die Existenz ermöglicht hat. Den Kyffhäuser besuchen ohne die Barbarossahöhle gesehen zu haben, das wäre das Gleiche, als wolle man eine Kirche ohne Glocken errichten!

Unmittelbar neben dem Höhleneingang erwartet das Restaurant und Café „Barbarossahöhle" den Besucher. Nach einem Ausflug in die „Unterwelt" bedarf man mit Fug und Recht der Stärkung. Auch dieses Haus hat – wie jedes andere – seine Geschichte. Da gab es nämlich ausgangs des letzten Jahrhunderts den Baron von Rüxleben auf Rottleben, dem gehörten Teile des Areals, unter dem sich die Höhle befand. Dort florierte mittlerweile der Tourismus kräftig. Die Höhlenbesucher wurden damals an einem schlichten Kiosk mit Imbiß und Getränken versorgt. Der Baron zog also vor das Oberlandesgericht zu Jena und prozessierte gegen die Gemeinde und bekam auch Platz für ein festes Haus zugesprochen. Der ursprüngliche Stollen, mit dem die Höhle entdeckt worden war, unterlag dem Bergrecht. Also ließ der von Rüxleben einen neuen Eingangsstollen schlagen und zugleich ein Gasthaus mit Fremdenzimmern errichten. Das geschah um das Jahr 1898. Das wiederum ließ den Gemeinderäten von Rottleben keine Ruhe, sie hätten ja auch gern von dem lohnenden Geschäft partizipiert. Demnach zogen auch sie vor Gericht und verteidigten ihre Ansprüche dergestalt, daß heute ein Teil des Gasthausgartens dem Baron gehört, die andere Hälfte hingegen den Rottlebern. Dieses Patt wurde zunächst durch den damaligen staatlichen Handel entschieden, er übernahm das Haus, allerdings wirtschaftete er so, daß nach 1990 eine dringende Renovierung angeraten war.

Der Besucherstrom riß nicht ab, nunmehr kamen unzählige aus dem Westen Deutschlands, um Kaiser Rotbart Reverenz zu erweisen, also mußte ein ordentliches Gasthaus her. Das war auch ganz im Sinne der ostdeutschen Kyffhäuserfreunde. So machte sich Detlef Dittmann mit seinem Team daran, das Haus neu herzurichten und damit die Voraussetzung zu schaffen, daß der Höhlenbesuch wieder zum „runden" Erlebnis wurde.

Halb auf freiherrlichem Boden, halb auf Gemeindegrund kann man sich nun wieder bestens an der Höhle erfrischen und stärken. Schwein am Spieß ist dabei eine besondere kulinarische Attraktion, die es den Gästen angetan hat. Ein zünftiger Schlag Eintopf aus der Gulaschkanone, im Schatten alter Bäume verzehrt, hat schon manchen Wanderer wieder stark gemacht, während die Gourmets im Restaurant voll auf ihre Kosten kommen.

Fazit: Ein Höhlenbesuch ist wieder zum Höhepunkt der Kyffhäuserreise geworden, dank Detlef Dittmann und seinem Restaurant „Barbarossahöhle".

Restaurant-Café „Barbarossahöhle"

Inh. Detlef Dittmann
Mühlen 6, 06567 Rottleben
Tel.: 034671 / 25 81

Restaurant 76 Pl.
Biergarten 150 Pl.

Übernachtungsvermittlung
Parkplatz f. Bus u. PKW

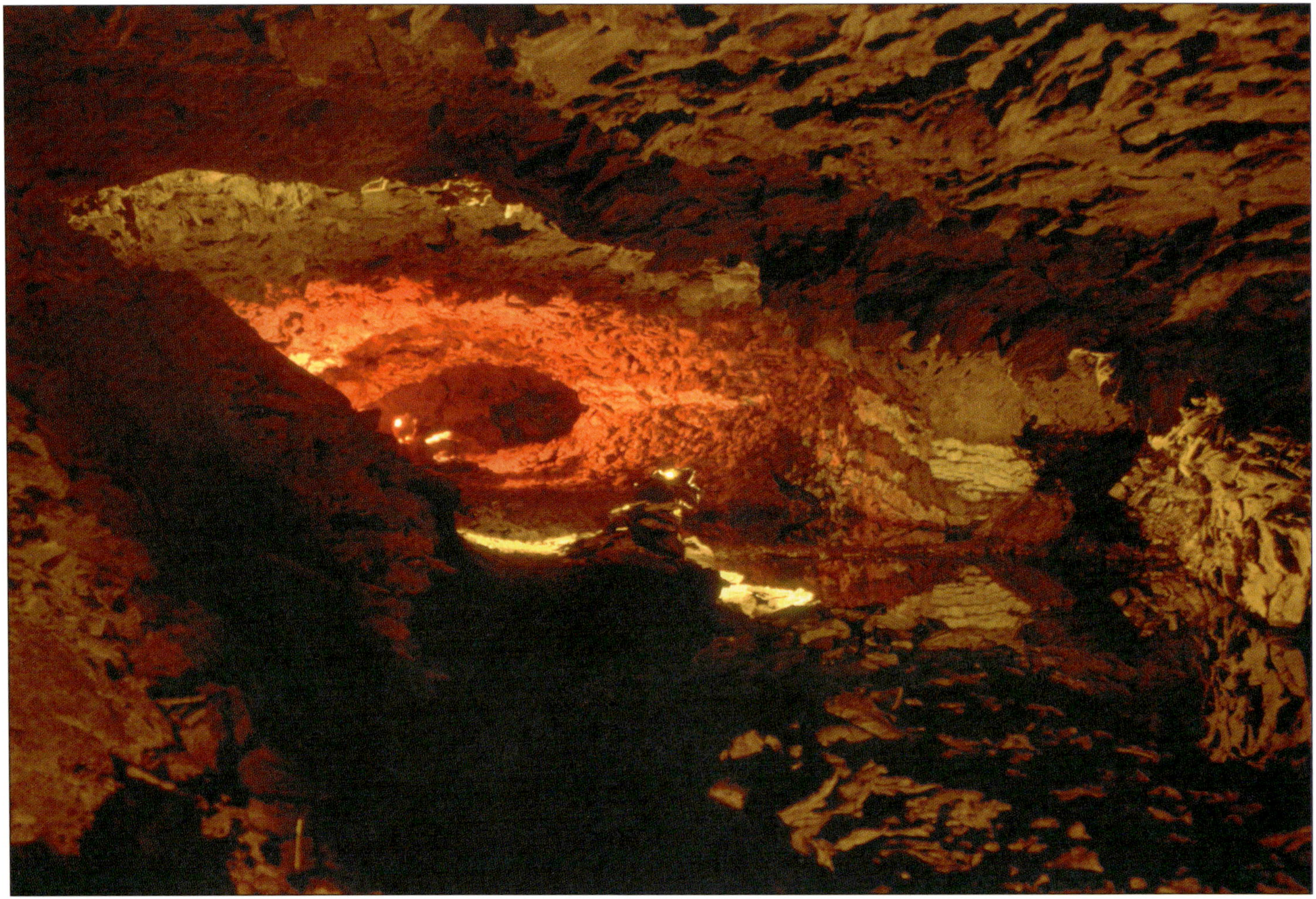

Ziel unzähliger Touristen: die Barbarossahöhle und das dazugehörige Restaurant

JAGDGASTSTÄTTE „WAIDMANNSHEIL"
Seega

Einst lebte in Seega ein armer Häusler, der sein Brot im Kloster Göllingen verdiente. Eines schönen Tages beauftragte ihn ein Mönch, einen Korb frischer Äpfel zum Kaiser im Kyffhäuser zu tragen. So machte sich der Mann auf den Weg. Als er das Gebirge erreicht hatte, klopfte er dreimal an einen Felsen. Der Berg tat sich auf und ein winziger Gnom mit Laterne und Schlüsselbund führte den Boten durch lange unterirdische Gänge. Ein riesiges Eisentor wurde geöffnet. In einem prächtigen Saal saß Kaiser Rotbart und der Bart war tatsächlich schon durch die Tischplatte gewachsen. Der Mann aus Seega übergab die Klostergabe. Der Kaiser gewährte als Dank die Erfüllung von drei Wünschen. Da wünschte sich der arme Mann die baldige Rückkehr des Kaisers, seinem Dorfe Frieden und seiner Familie allzeit Gesundheit. Diese Bescheidenheit rührte den Kaiser. Er gebot dem Mann, sich zur Mitternacht von der Arnsburg 100 Pfennige zu holen. Der Mann tat wie geheißen und siehe da, am nächsten Morgen hatten sich die Pfennige in blanke Goldstücke verwandelt ...

Dort, wo sich die Wipper ein tiefes Tal durch die Hainleite gegraben hat, um dann der Unstrut zuzustreben, liegt Seega und oben auf steiler Höhe die Arnsburg, und auch das Kloster Göllingen ist noch teilweise zu sehen. Nur die Hütte des armen Mannes ist nicht mehr auffindbar. Umgeben von den bewaldeten Höhen des Wipperdurchbruchs ist Seega ein geradezu idealer Erholungsort für Leute, die einmal der Hektik des Alltags entkommen wollen. Hier findet man Natur pur, gute Luft und freundliche Menschen obendrein.

Schon vor mehr als 1400 Jahren bildete die Hainleite die natürliche Grenze zwischen Franken und Sachsen. Die älteste Straßenverbindung zwischen dem Salzort Frankenhausen und der Handelsstadt Erfurt führte durch den Wipperdurchbruch. Grund genug, diese wichtige Verbindung mit einer Burg zu sichern. So wird die Arnsburg bereits 1116 erwähnt.

Das Dorf Seega tritt erst einhundert Jahre später ins Licht der Geschichte. Im Jahre 1227 findet man in einer Urkunde den Namen „villa Siega". Der Name wird so gedeutet, daß ein gewisser Siga eine Siedlung am fließenden Wasser, der Wipper, gegründet hat.

Im Schutze der mächtigen Arnsburg entwickelte sich bald reges dörfliches Leben. Sie Seegaer ackerten, säten und ernteten, und sie gaben Kloster und Burg ihren Zehnten, und wenn es nicht den Amtmann Burkhart Marschall gegeben hätte, wäre auch alles weiter gut gegangen. Dieser Amtmann bedrückte die Bauern aber mit neuen Steuern und Schikanen, und bald war er seiner Grausamkeit wegen berüchtigt. 1492 platzte den Seegaern der Kragen. Mit Knüppeln und Dreschflegeln bewaffnet zogen sie hinauf zur Burg und forderten Mäßigung vom Amtmann. Zwar saß der sicher hinter festen Mauern, aber die Bauern ließen niemend herein oder heraus, so daß die Lage für Herrn Burkhart schließlich prekär wurde. So wurde ein fürstlicher Vermittler herbeizitiert, der einen Konsens erwirkte, nachdem sich der Amtmann mäßigte und die Bauern friedlich blieben. Damit war der erste Bauernaufstand Thüringens ohne Blutvergießen beendet – im Gegensatz zu jener schrecklichen Katastrophe, die sich 32 Jahre später bei Frankenhausen ereignete.

Ab 1752 wurde die Arnsburg nicht mehr genutzt, sie verfiel, aber noch heute vermitteln die Mauerreste und mächtigen Kellergewölbe ein anschauliches Bild von Größe und Macht. Die Ruine ist ein beliebtes Wanderziel und das auch wegen des unvergleichlichen Ausblicks ins Wippertal und zum gegenüberliegenden Kohnstein.

1711 verwüstete ein schrecklicher Brand das Dorf, aber die Seegaer bauten es wieder neu, und ab 1713 gab eine Papiermühle vielen Einwohnern Lohn und Brot, so daß das Leben erträglicher wurde. Man sollte sich die Zeit nehmen, um dort in die umfangreiche Chronik zu sehen, sie liest sich spannender als mancher Kriminalroman und bietet zugleich ein Bild von der Entwicklung dörflichen Lebens mit allen Höhen und Tiefen.

Um die Schönheit der Landschaft des Wipperdurchbruches, die Arnsburg und noch vieles mehr erkunden zu können, bedarf es eines Stützpunktes. Hoch über dem Tal erwartet die Jagdgaststätte „Waidmannsheil" den Wanderer und Touristen. Schon der Blick von der Terrasse oder der Veranda auf Dorf und Umgebung ist es wert, hier hinaufgekommen zu sein.

Aus der Küche duftet es verlockend, hier wird gutbürgerlich gekocht. Natürlich stehen Thüringer Gerichte auf der umfangreichen Speisekarte und also ist das leibliche Wohl rundum gesichert. Um Änderungen an der Figur nach dem Essen muß man sich nicht sorgen, überflüssige Pfunde kann man im Fitneßcenter abtrainieren. Wem das zu schweißtreibend erscheint, der wird sich dem Wildgehege zuwenden, das die Tierwelt der Umgebung präsentiert, und die botanischen Besonderheiten dieses Teils der Hainleite lernt man auf einem bemerkenswerten Naturlehrpfad kennen.

Den Gästen steht eine Vielzahl von Räumen zur Verfügung, und das nutzen Wandergruppen, Jagdgesellschaften und Reisegruppen sehr gern, weil man in gepflegter Umgebung ganz unter sich sein kann. Daß ein Vereinsfest auf dem Berg im „Waidmannsheil" ein ganz besonderes Vergnügen ist, sei nur nebenbei mit erwähnt. Man muß sich keine Sorgen machen, wie man nach fröhlichen Stunden zu Tal kommt. Den Heimweg verschiebt man auf den nächsten Tag, wenn der Kopf wieder klar ist. Das Haus hält sowohl Appartements für anspruchsvolle Gäste als auch rustikale Unterkünfte für Naturfreunde bereit.

Seit 1992 leitet Ute Grinder das freundliche Haus auf dem Berg, und sie tut es mit Liebe und Sachverstand, und so wissen ihr und dem Team des Hauses viele Gäste Dank für schöne Stunden hier oben. Wer einmal in der Abenddämmerung in der Veranda saß, den Blick ins Tal und auf die Waldberge genossen hat, bei einer Flasche Wein aus dem berühmten Weingut Moll ein gutes Gespräch führte, dem wird der Abschied von Seega und dem gastfreundlichen „Waidmannsheil" mit Sicherheit schwerfallen.

Jagdgaststätte „Waidmannsheil"

Besitzerin: Ute Grinder
Neustadtstr. 185, 06567 Seega
Tel.: 034671 / 88 35, Fax: 034671 / 88 45

geöffnet tägl. ab 11.00 Uhr

Restaurant 126 Pl.
Jägerklause 65 Pl., Jagdzimmer 30 Pl.
Veranda 60 Pl., Terrasse 60 Pl.
Biergarten 30 Pl.

Jagdsalon mit Ausstellung
30 Appartements b. 4 Pers.
Gruppenunterkünfte f. 24 Pers.
separate Räume für Schulungen
und Festlichkeiten

Parkplatz

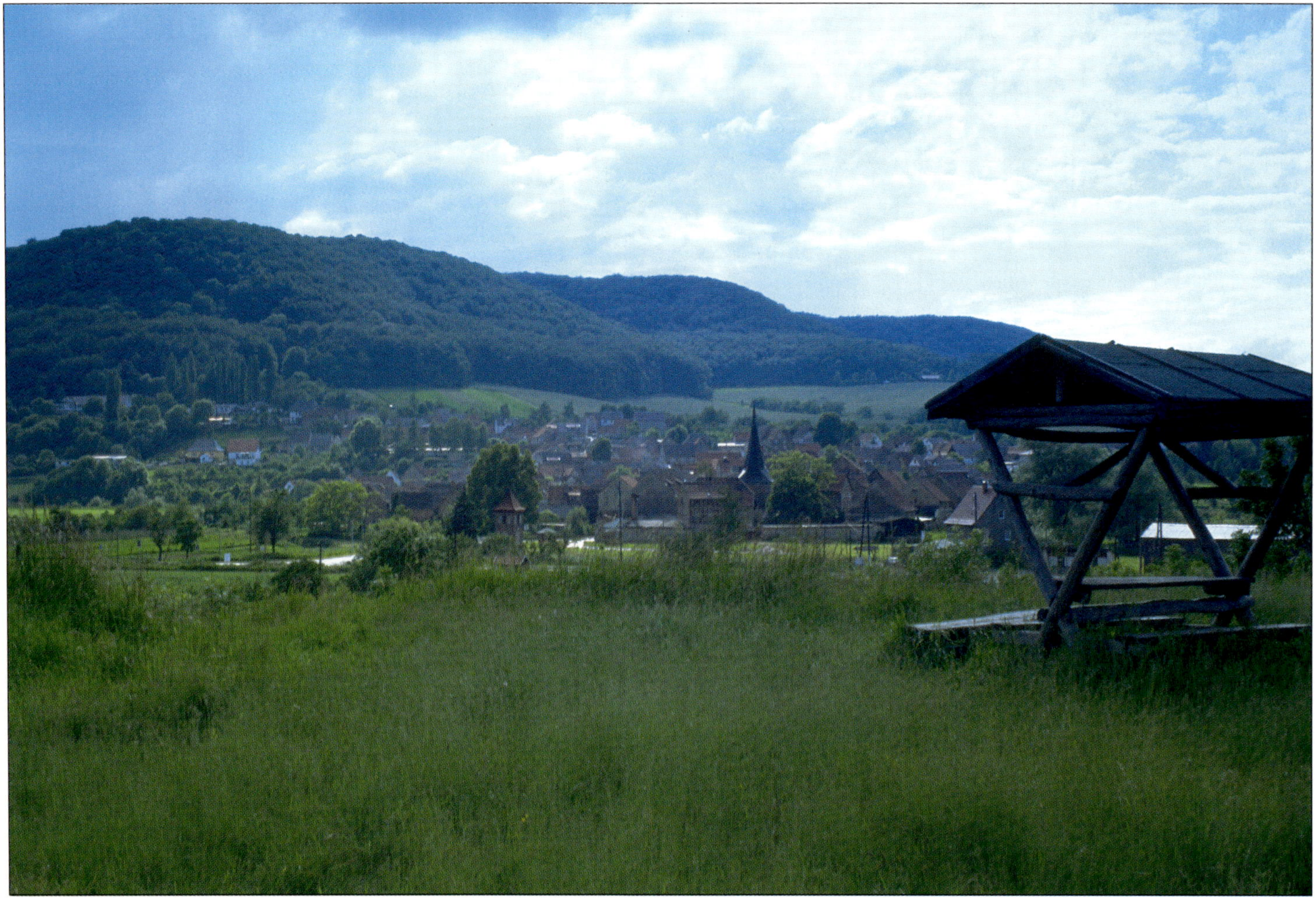

„Waidmannsheil" zu Seega,
ein Platz zum Wohlfühlen

Malerisch liegt Seega
im Tal der Wipper
vor der „Thüringer Pforte"

RESTAURANT „RATSKELLER"
Sondershausen

Für Sondershausen muß sich der Tourist Zeit nehmen. Diese Stadt kann man nicht im Eilschritt kennenlernen, zuviel an Sehens- und Wissenswertem erwartet hier den Gast. Zu Füßen der Hainleite, umgeben von weiten Laubwaldforsten und durchflossen von der Wipper, dem Flüsschen, das die Hainleite getreulich von der Eichsfelder Pforte bis hinab zur Thüringer Pforte begleitet, bietet Sondershausen eine Vielzahl von Möglichkeiten, sich mit Kultur, Geschichte Architektur und auch dem Kalibergbau vertraut zu machen. Gleich aus welcher Richtung man immer sich der Stadt nähert, stets erblickt man zunächst das Schloß, das sich im Herzen der Stadt auf einer kleinen Anhöhe erhebt.

Immerhin war die Stadt über viele Jahrhunderte Sitz der Residenz der Grafen und späteren Fürsten von Schwarzburg-Sondershausen, und dieses Geschlecht war mitunter maßgeblich an der Gestaltung deutscher Geschichte beteiligt. Das Schloß liegt gewissermaßen im Herzen der Stadt, nicht mit vornehmer Distanz zum Volk, wie das andernorts üblich ist. Diese Nähe zum Bürger wird auch mit sich gebracht haben, daß die Sondershäuser mit ihren Fürsten auf vertrauterem Fuße gestanden haben als anderswo. Es wird berichtet, daß es keine Seltenheit war, daß Durchlaucht höchstselbst hinabstieg und durch Gassen und Straßen spazierte, und wer ein Anliegen hatte, konnte das direkt loswerden.

Ein Beispiel für die Aufgeschlossenheit der Herren zu Sondershausen ist, daß sich während des Bauernkrieges Graf Günther, genannt „der Reiche", mit dem Bauernführer Thomas Müntzer verständigte, was ihm nach der Niederlage der Bauern bei Frankenhausen den herben Tadel des deutschen Adels einbrachte.

Die Geschichte des Fürstenhauses und damit verbunden auch die der Stadt ist ein buntes Kaleidoskop von Ereignissen, Höhen und Tiefen und damit allein schon wert, sich näher mit ihr zu befassen. Man sollte daher unbedingt das ausgezeichnete Museum im Schloß besuchen, um hier genaueres über das Werden von Stadt und Schloß in Erfahrung zu bringen.

Natürlich wurde auch Sondershausen nicht von Kriegen und Plünderungen verschont, natürlich gab es auch hier zum Teil verheerende Stadtbrände und die Geißel des späten Mittelalters, die Pest, forderte auch von der Stadt ihren Tribut, aber das tat dem Lebensmut der Sondershäuser nie Abbruch.

Die Baugeschichte des Schlosses ist zugleich auch eine Geschichte deutscher Architektur über Jahrhunderte, und das setzt sich fort, wenn man einen Streifzug durch die Stadt unternimmt. Die Trinitatiskirche kann auf eine lange Geschichte zurückblicken, ebenso viele Bürgerhäuser und andere historische Bauwerke aus der Vergangenheit.

Aber Sondershausen bedeutet nicht nur Architektur. In der Musikwelt ist der Begriff des „Loh-Orchesters" Synonym für hohe Musizierkunst. Konzerte dieses Klangkörpers fanden und finden unverändert ihre Bewunderer und begeisterten Zuhörer, und es sei nur am Rande vermerkt, daß zum Beispiel Max Bruch 1867 bis 1870 das aus der fürstlichen Hofkapelle hervorgegangene Orchester leitete und Franz Liszt mehrfach diesen Klangkörper als beispielhaft lobte und hervorhob. So nimmt es nicht wunder, daß in Sondershausen ein Konservatorium entstand, an dem beispielsweise kein Geringerer als Max Reger studierte.

Sondershausen ist nicht nur Musikstadt, auch die Literatur fand hier ihren Platz in Gestalt von Johann Karl Wezel, einem Zeitgenossen Goethes, ein Dichter und Philosoph, dessen Schriften völlig zu Unrecht in Vergessenheit gerieten und dessen Lebenswerk jetzt erst gründlich erforscht und gewürdigt wird.

Jeder Besucher wird sich dem Marktplatz der Stadt zuwenden. Von hier aus steigt man über eine breite Freitreppe zum Schloß hinauf, hier spielt sich aber auch Tag für Tag das Leben der Bürger ab. Man sollte nicht glauben, wie quirlig und fröhlich es mitunter auf dem Markt zugeht, und die historischen Häuser, die den Platz säumen, werden – könnten sie reden – oft einander zuraunen, wie schön das Leben in der alten Stadt geworden ist …

Prinzenpalais, Posthalterei, das Freihaus, das Haus zum Schwan, das Rentamt, sie alle stehen um den Markt und – wie kann es anders sein – eine Seite des Platzes schließt das Rathaus ab. In der 1. Hälfte des 14. Jahrhunderts erbaute man das erste Rathaus, 1568 bis 1570 wurde es abgetragen und ein neues gebaut, das 1621 abbrannte. Die Sondershäuser ließen sich nicht verdrießen und bauten wiederum ein neues, und das zeigt sich heute noch in der gleichen Form wie vor 300 Jahren. Die Reste des alten Rathauses wurden der Kern des Neubaus und bemerkenswert ist das System von Tonnengewölben, das sich unter dem Haus befindet.

Willkommen, lieber Gast, im „Ratskeller" zu Sondershausen. Dort, wo einst Lagerkeller für Bier und Wein waren, wurde vom Rat im 16. Jahrhundert eine Schenke eingerichtet, von der der Chronist Manard im Jahre 1593 zu berichten weiß: „Ein Gewölb', fast acht Männer hoch, wirst du vorn Keller finden noch, in welches gesetzt sind Tisch und Bänke, drauf gehört werden viele Schwänke …".

Auch heute ist ein Besuch in den historischen Gewölben des Ratskellers ein Erlebnis, nicht nur, daß man sich von einer hervorragenden Küche verwöhnen lassen kann, auch bei einem edlen Tropfen deutschen oder „welschen" Weins kann man hier unten ins Nachsinnen geraten, und oft finden sich hier wie schon vor 400 Jahren fröhliche Runden, die den früher hier erzählten Schwänken neue hinzuzufügen wissen. Aber auch an heißen Sommertagen sitzt es sich oben auf der kleinen Terrasse angenehm, man beobachtet das Markttreiben und trinkt genüßlich seinen Kaffee, und wem nach einem herzhaften Bier ist, der tritt ein in die Bierbar „Zum Püstrich". Seltsamer Name, nicht wahr? Kein Geringerer als der große Goethe widmete der putzigen geheimnisumwitterten Figur, die dem Lokal seinen Namen gab, ein Gedicht. Und in der Tat ist man sich heute noch nicht über den Zweck der pausbäckigen rundlichen Figur, die einst 1545 in der Ruine der Rothenburg entdeckt wurde und nach mancherlei Irrfahrten nach Sondershausen gelangte, nicht ganz im Klaren, aber auch dazu erhält man Auskunft im Schloßmuseum. Sicher aber ist: Der „Ratskeller" zu Sondershausen ist so recht der Platz, um sich von Erkundungen zu erholen und Kräfte für weiteres Kennenlernen der liebenswerten und gastfreundlichen Stadt zu sammeln.

Restaurant „Ratskeller"

Inh.: Wolfgang Gommlich
Markt 7, 99706 Sondershausen
Tel.: 03632 / 6 05 90, Fax: 03632 / 60 59 16

geöffnet: tägl. ab 9.00 Uhr

Gewölbekeller 80 Pl.
Bierbar „Zum Püstrich" 40 Pl.
Terrasse 80 Pl.

Parkplatz am Markt
Übernachtungsvermittlung

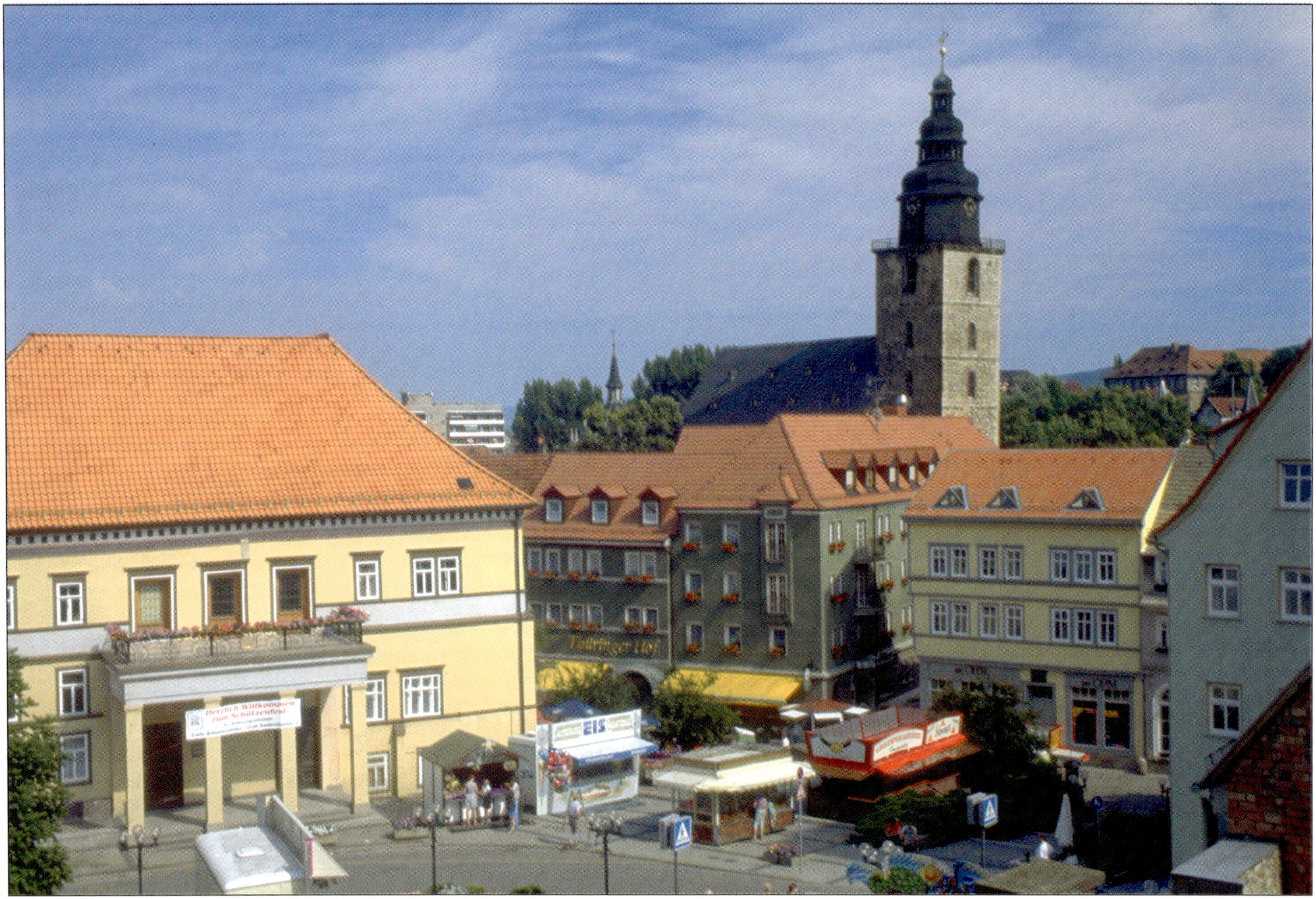
Herzlich Willkommen
zum Schützenfest
EIS

Der „Püstrich" – Wahrzeichen des Ratskellers

Sondershausen – der Markt – Zentrum der alten Residenz

117

ROMANTIK-RESTAURANT „AM POSSENTURM"
Sondershausen

Um den Possen bei Sondershausen, eine markante Erhebung der Hainleite, ranken sich viele Legenden und Sagen. So soll sich einst hier oben in grauen Vorzeiten ein heiliger Hain befunden haben, in dem edle weiße Rosse gehütet und gepflegt wurden. Der Volksmund weiß aber auch eine Erklärung für die Entstehung des seltsamen Namens. Fürst Günther von Schwarzburg-Sondershausen hatte sich in seinem Lieblingsjagdrevier ein Schloß errichten lassen, das 1736 eingeweiht werden sollte. Natürlich wurden für dieses Ereignis viele Einladungen verschickt. Nur seine Stiefschwester Christiane Wilhelmine vergaß der Fürst mit Absicht. Christiane hielt sich zu der Zeit in Ebeleben auf und Günther hatte Krach mit ihr, es ging dabei um das kürzlich eingeführte Erstgeburtsrecht. Die Stiefschwester wollte sich jedoch das Ereignis nicht entgehen lassen. In bester Laune erschien sie daher dennoch auf dem Fest und überreichte dem verdutzten Fürsten ein Gedicht, das sie selbst verfaßt hatte. Die erste Zeile lautete: „Ich komme Euch zum Possen ...". Günther erkannte die Versöhnungsbereitschaft Christianes und er soll daraufhin dem Platz und dem Jagdschloß den Namen „Zum Possen" gegeben haben.

Etwa 4 Kilometer sind es, die man vom Abzweig an der B 4 durch den Wald aufwärts fährt. Oben auf der Höhe eröffnete sich eine weite freie Wiesenfläche dem Blick. Nach und nach entdeckt man die historischen Gebäude, die diesem einst fürstlichen Jagdrevier den Namen gaben und die heute das Ziel unzähliger Besucher sind. Gegenüber dem Parkplatz erhebt sich das Jagdschloß, das kunstvoll gestaltete Wappen zieht immer die Blicke auf sich, und es ist nicht ermittelbar, auf wievielen Fotos dieses farbenfrohe Motiv schon in alle Welt getragen wurde.

Der Vorläufer dieses Jagdschlosses war übrigens ein kleines Jagdhaus, das um 1670 errichtet wurde, um bei schlechtem Wetter der Jagdgesellschaft Unterschlupf zu bieten. Unübersehbar aber erhebt sich über den Baumkronen der weithin sichtbare Possenturm, der wohl in seiner Art einzigartig weit und breit ist. Fürst Christian Günther war es, der den Auftrag für den Bau gab, und so entstand unter der Leitung der Meister Rauch und Herbst der Turm. Er ist in Fachwerkbauweise aufgeführt, das Holz dazu wurde von weither aus den Forsten um Gehren im Thüringer Wald herbeigeschafft. Zimmermeister Rauch aus Arnstadt konzipierte die Holzkonstruktion und Maurermeister Herbst aus Sondershausen nahm sich der Steinarbeiten an.

1781 schrieb man, da wurde der Turm feierlich eröffnet. Auf einem achteckigen Grundriss erhebt er sich mit acht Etagen zu einer Höhe von 42 (!) Metern. Man berichtet, daß in den einzelnen Etagen, deren Größe den Besucher immer wieder überrascht, Jagdgelage abgehalten wurden, und im Stillen bedauert man die geplagten Diener, die mit Speisen und Getränken die unzähligen Stufen hinauf- und hinabeilen mußten ...

Später wurde der Turm vor allem genutzt, um mit einer Brandwache besetzt zu werden. Das hat seinen guten Grund, denn wer sich der Mühe unterzieht und alle acht Stockwerke ersteigt, dem wird ganz oben von der Laterne des Bauwerks ein wundervoller Fernblick über die gesamte Hainleite zuteil.

Nach Osten zu erhebt sich der Kyffhäuser, der Norden wird von den Bergen des Harzes abgeschlossen, nach Westen zu erstreckt sich die Hainleite, und erst von hier oben aus erkennt man die Weite und Schönheit dieses Höhenzuges in voller Ausdehnung. Wie ein wogendes grünes Meer ziehen sich die Laubwälder bis an den Horizont. Nach Süden zu erkennt man, wie die Hainleite ins Thüringer Becken ausläuft. So wird aus dem angedacht kurzen Turmbesuch meist ein doch längerer Aufenthalt, zu fesselnd sind die Aussichten und Entdeckungen, die man von hier oben aus gewinnt. Die Meister Rauch und Herbst haben den Turm – so scheint es – für die Ewigkeit gebaut, denn nun steht er schon über 200 Jahre oben auf seiner Höhe, ohne daß Stürme und Gewitter, Schnee, Regen oder Sonnenglut ihm etwas anhaben konnten.

Direkt am Fuße des Turmes erwartet das Romantik-Restaurant „Am Possenturm" den Gast, der nach der Turmbesteigung doch dringend einer Stärkung bedarf. Der Name des Hauses ist gut gewählt, die Lage ist in der Tat sehr romantisch, denn rings um das Restaurant erstreckt sich der wunderschöne Wald. Hier herrscht Natur pur und es ist so recht der Platz, um sich zu erholen und ins Träumen zu geraten. Immerhin befindet man sich in einer Höhenlage von 460 m ü. NN und die Tatsache, daß der Possen schneesicher bis ins Frühjahr ist, macht ihn nicht nur im Sommer attraktiv. Frühling und Herbst sind ebenso Jahreszeiten, in denen die Natur den Besucher hier oben mit wunderschönen Bildern überrascht, sei es nun das erste zarte Grün und die unzähligen Buschwindröschen, die den Waldboden wie ein weißer Teppich bedecken, oder seien es die hohen Laubbäume, die der Malermeister Herbst mit prächtigen Farben schmückt, stets ist hier oben ein Platz, zu dem man gern zurückkehrt. Das Restaurant wurde 1967 als Ferienheim erbaut und als solches bis 1989 genutzt.

Ab 1990 übernahm es die Familie Henze und unterzog es zunächst einer Verjüngungskur, die dem Restaurant gut bekam. Das Ziel war, auch den anspruchsvollen Gast zufriedenzustellen und das erreicht man am besten über die Küche, die in der Tat mittlerweile weitberühmt ist. Alles wird hier frisch zubereitet, fast food ist tatsächlich ein Fremdwort und man kann sicher sein, daß der Rehbraten frisch vom Jäger kommt und die Forelle ebenso frisch aus dem Bach. Die freundlichen und ausgezeichnet ausgestatteten Bungalows bieten die Garantie für einen erholsamen Ferienaufenthalt. In unmittelbarer Nähe – nur durch einen Waldstreifen vom Haus getrennt – zieht sich das Tiergehege mit Rehen, Damwild, Fasanen und den berühmten Possenbären am Waldrand entlang und ein Höhenradwanderweg erschließt dem Touristen die Schönheit der Hainleite.

Wenn des Abends die Sonne hinter den Wäldern versinkt, sitzt man bei einem guten Wein in trauter Runde und mancher Gast wird hier oben an das Gedicht Eichendorfs erinnert, das da anhebt: „Oh Täler weit, oh Höhen, oh schöner deutscher Wald ...". Kein Wunder also, daß das Romantik-Restaurant am Possenturm dank der Familie Henze und ihres Teams mittlerweile zum beliebten Platz für Freunde der Natur aber auch des guten Essens und Trinkens wurde.

Romantik-Restaurant „Am Possenturm"

Inhaber: Fam. Henze
Auf dem Possen, 99706 Sondershausen
Tel./Fax: 03632 / 78 26 65

geöffnet: Mi.–Mo. ab 11.00 Uhr
          Di. Ruhetag

Restaurant 45 Pl.
Hubertuskeller 40 Pl.
Terrasse 20 Pl.

14 Bungalows für bis 4 Pers., Du/WC/TV

Parkplatz am Haus

Magnet für unzählige Besucher des Forstrevieres Possen sind der historische Possenturm und die ausgedehnten Wildgehege mit Bären, Rot- und Schwarzwild.

*Mitten im Wald, zu Füßen des Turmes
erwartet das Romantik-Restaurant
„Am Possenturm" die Gäste
zu fröhlichen und besinnlichen Stunden.*

REITERHOF UND PENSION NUCKE
Sondershausen

Das Schloß zu Sondershausen ist, so kann mit Fug und Recht gesagt werden, wohl der umfangreichste bau- und kunstgeschichtliche Schloßkomplex Nordthüringens. Es wird kaum einen Besucher der Stadt geben, der sich nicht demzufolge auch diesem weithin sichtbaren Bauwerk zuwendet, zumal die Geschichte des Schlosses eng mit der der Stadt und des weiteren Umfeldes verbunden ist.

Um 1287 war es, da wird zum ersten Male die Burg zu Sondershausen urkundlich erwähnt. Teile dieser ältesten Burganlage findet man noch heute in Gestalt des Schloßturmes, der einst als Wohnturm gedient hat. Auf einem steil abfallenden Bergsporn wurde die Anlage errichtet, die schroff abfallenden Hänge boten natürlichen Schutz und unten floß die Wipper, die zusätzliche Sicherheit mit ihren sumpfigen Wiesen bot. Nach Süden zu wurde die Burg mit einem tiefen Graben gesichert und also bot sie in Notzeiten Zuflucht und Schutz.

Zunächst waren es die Marschälle von Sondershausen, die hier oben die Geschicke der Menschen lenkten, dann zogen die Grafen von Hohnstein in die Burg und schließlich waren es die Grafen von Schwarzburg, die dann über Jahrhunderte das Sagen hatten. Sie wurden ab 1697 in den Reichsfürstenstand erhoben und das lag daran, daß man in Deutschland mittlerweile die Klugheit und Umsicht der Schwarzburger hoch zu schätzen wußte. Beispielsweise waren sie nicht nur auf dem diplomatischen Parkett sehr erfolgreich sondern auch als Militärs und nicht ohne Grund wird sich der russische Zar die Dienste eines Schwarzburgers als General erbeten haben.

1533 wurden Teile der Burg abgerissen und 1534 erfolgte die Grundsteinlegung für ein neues Renaissanceschloß. Der historische Wohnturm wurde als Schloßturm in den Neubau einbezogen und ist seither aus dem Stadtbild Sondershausens nicht mehr wegzudenken. Von da an bauten die Herren zu Sondershausen immer wieder neu an ihrem Schloß, Begonnenes wurde weitergeführt, Neues entwickelt. Bemerkenswert ist beispielsweise im Südflügel der sogenannte Riesensaal, er ist 26 Meter lang, 13 Meter breit und 4,8 Meter hoch, aber nicht die Größe allein macht ihn sehenswert, vor allem die kunstvollen Stuckarbeiten sind es, die Bewunderung abnötigen. Die Fürsten hatten sich hierfür berühmte Stukkateure aus Italien kommen lassen, und sie standen unter Anleitung des weltberühmten Meisters Nicola Carcani.

Man kann am Sondershäuser Schloß alle wesentlichen Baustile erkennen, von der Renaissance über den Barock bis zum Rokoko und weiter zum Neoklassizismus und also ist dieses Schloß ein steingewordenes Lehrbuch der Architektur und deutscher Baukunst schlechthin. Bemerkenswert ist unter anderem, daß die Manie, es großen Potentaten nachzutun, mitunter den Bauherrn auch Schnippchen schlug, so am Schweifgiebel des Westflügels, auf dem in aufwendigen Stukkaturen höchst martialisch neben Lanzen und Trommeln andere Allegorien der Macht sichtbar sind, nur – dieser

Giebel würde eher zu einem viel größeren Haus passen, aber dieses Mißverhältnis störte offenbar nicht weiter.

Natürlich schlug sich das gesteigerte Repräsentationsbedürfnis des Hofes in den Kassen nieder. Die Sondershäuser, die ansonsten mit ihren Herren recht gut auskamen, stöhnten dann doch ziemlich unter den Lasten, die ihnen vom Hof aufgebürdet wurden, was dazu führte, daß sich die Bürgerschaft 1698 mit einer Resolution ausdrücklich gegen weitere Steuern verwahrte. Schloß und Schloßpark, das berühmte Achteckhaus, sie alle sind allein schon einen längeren Besuch wert und allemal ist der Tourist gut beraten, der sich vertrauensvoll an das Schloßmuseum wendet, wo ihm sachkundig Aufklärung über alle Details sowohl des Bauwerks wie auch seiner Geschichte zuteil wird.

Die Fürsten von Sondershausen besaßen weitläufige Forsten in der näheren und weiteren Umgebung und zu den edelsten Vergnügungen damals gehörte natürlich auch die Jagd. Hoch zu Roß oder im Jagdwagen durchstreifte man die Reviere, nicht nur um Reh und Wildschwein nachzustellen, sondern auch einfach, um sich zu verlustieren, wie es damals so sinnig hieß. Wem aber kommt angesichts der wunderschönen Laubwälder auf der Hainleite nicht auch die Lust, wie einst die Fürsten hoch zu Roß durch die Forsten zu streifen. Da gibt es in Sondershausen den Reiterhof Nucke, der dieses fürstliche Vergnügen jedem schlichten Bürger möglich macht. Im Ortsteil Stockhausen stand einst ein großer Bauernhof, der der Familie Nucke gehörte. Pferde waren schon von eh und je die besonderen Lieblinge der Nuckes. Was wunder also, wenn man nach 1989 darüber nachdachte, wie man diese edlen Tiere zur Freude der Touristen einsetzen konnte.

Die Großmutter kannte die letzten Fürsten noch, schließlich war sie Hofschneiderin gewesen, und sie wußte viel von den Reitausflügen der Herrschaften zu berichten. Das wollten die Nuckes mit ihrem Unternehmen jedem Bürger, dem danach gelüstete, zugute kommen lassen. Nachdem das Grundstück verbindlich erworben wurde, baute man zunächst vieles um und an. So entstand der Reiterhof in seiner heutigen Gestalt, wobei die Familie unzählbare Stunden und Tage an Eigenleistung investierte. Anfangs waren es 11 Pferde, heute stehen bereits 30 Tiere zur Verfügung, was wunder, da doch der Reiterhof Nucke zugleich Sitz des Reit-, Fahr- und Zuchtvereins Sondershausen e.V. ist. Kinder- und Schulgruppen geben sich die Klinke in die Hand, die Kutschpartien sind vor allem bei älteren Wanderern aber auch bei Senioren sehr beliebt.

Auf dem Reiterhof wird der Gast mit allem Nötigen versehen, was nun mal zum Reiten gehört. Nicht nur praktisch sondern auch theoretisch wird man in diese hohe Kunst der Fortbewegung eingewiesen. Dann aber erlebt man tatsächlich hoch zu Roß die gesamte Schönheit der Hainleite. Und so wird der Satz vom Glück der Erde auf dem Rücken der Pferde hier Wirklichkeit. Man muß einmal erleben, wie sich des abends im Reiterstübchen die Besucher austauschen, um eine Vorstellung zu bekommen, wie schön es doch mitunter früher war, als das Benzin noch unbekannt und Hafer natürlicher Treibstoff war.

Natürlich wird man im Reiterhof nach Thüringer Art auch mit Speis und Trank versorgt und ein gutes Bett sichert allemal, daß man ausgeruht am nächsten Morgen zu neuen Erkundungen ausreiten kann.

Reiterhof und Pension Nucke

Besitzer: Fam. Nucke
G.-Hauptmann-Str. 19, 99706 Sondershausen
Tel.: 03632 / 60 22 13

geöffnet: Di.–So. ab 7.00 Uhr
         Mo. Ruhetag

Reiterstübchen 25 Pl.
Imbiß 30 Pl.

4 2-Bettzimmer (Aufb. mögl.)

Parkplatz am Haus

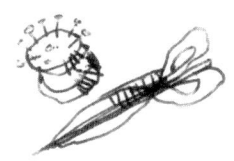

*Schloß Sondershausen –
Detailansicht*

Reiten und Fahren wie einst die Fürsten – der „Reiterhof Nucke" macht's möglich

PENSION „GLÜCK AUF"
Sondershausen

Der Auslöser für einen Industriezweig, der das Leben in der Fürstenresidenzstadt Sondershausen vom Ende des letzten Jahrhunderts bis in unsere Tage mitbestimmte, kam von keinem Geringeren als dem Freiherrn Justus von Liebig. Liebig, als Universitätsprofessor in Giessen und München tätig, war der Entdecker der Bedeutung des Kalisalzes und seines Wertes für die moderne Landwirtschaft, und seine wissenschaftlichen Werke bahnten der heutigen Agrikultur den Weg. Mit anderen Worten, das Kalisalz, dessen Bedeutung bislang völlig unterschätzt und das zum Teil sogar als unbrauchbar auf Halde gekippt wurde, erwies sich als unschätzbarer Wert – es avancierte zum „weißen Gold". Und so kam es, daß im Salzbergwerk Staßfurt ab 1865 neben Steinsalz auch Kalisalz zielgerichtet gefördert wurde.

Dieser Kali-Boom machte Unternehmer und Investoren hellhörig. Und so kam es, daß eines Abends der Sondershäuser Unternehmer Brückmann mit dem Schäfer beim Bier zusammensaß, wobei Letzterer umständlich auf das Wasser eines Tränkbrunnens schimpfte, das so versalzen sei, daß es nicht einmal die Schafe annehmen würden. Die geologischen Strukturen des Wippertales legten die Vermutung nahe, daß es auch hier im Erdinneren Salz geben könnte. Also setzte sich Brückmann hin und beantragte am 13. Januar 1891 beim Fürsten Günther die Genehmigung zur Einbringung einer Probebohrung und, falls diese erfolgreich sei, zur Errichtung einer Bergwerksanlage. Der Fürst, der mit einer solchen Anlage auch Entwicklungsmöglichkeiten für sein Gebiet sah, genehmigte den Antrag. Die Bohrung ergab aber zunächst, daß wohl salzhaltiges Wasser vorhanden war, nach geltendem preußischen Bergrecht enthielt es aber 0,5 g Salz zuwenig und war daher keine Basis für eine Schachtteufung.

Indes – Preußen war weit und Brückmann gab nicht auf, und so wurde bei einer weiteren Bohrung bei Jecha 1892 zunächst stark salzhaltiges Wasser entdeckt, das den Preussen sicher scharf genug war. Dann aber, am 23.5.1892, stieß man in 616 Metern Tiefe auf Kalisalz. Noch war man sich über die Mächtigkeit der Lager und über ihre Ausdehung nicht im Klaren. Zunächst wurde 1892/93 die Gewerkschaft „Glück Auf" gegründet und am 1.5.1893 mit der Teufung des „Schachtes 1" bei Großfurra begonnen. Sachverständige aus anderen Salzwerken berieten die Sondershäuser bei ihrem Vorhaben. Und auch hier war die Arbeit von Erfolg gekrönt. In etwa 700 Metern Tiefe entdeckte man gewaltige Lagerstätten mit einer Mächtigkeit um die 7 Meter, wobei man feststellte, daß das Salzfeld von etwa 480 Metern schräg bis etwa 1000 Meter hinabstieg.

Bemerkenswert ist der Antrag für die Schürfgenehmigung, die seinerzeit an die Regierung gestellt werden mußte und in dem Brückmann seinen „Claim" nach Richtpunkten wie Kirchturmspitzen oder Hausgiebeln von Hachelbich bis Westerengel absteckte.

Nach und nach entstanden in relativ kurzer Zeit 6 Schächte, von denen zwei mindestens miteinander verbunden sein mußten, um die Wetterführung zu sichern. Für den Laien: Wetter ist der Name für die Luft in der Grube, und Frischluft so durch die unterirdischen Schachtanlagen zu leiten, daß sie überall hinkommt, ist schon eine Wissenschaft für sich.
Die Gewerkschaft teilte sich in drei Bereiche auf. 2 Kalifabriken entstanden, um das gewonnene Rohsalz an Ort und Stelle aufzubereiten. Nun erhoben sich im einst stillen Wippertal eiserne Fördertürme, Dampfmaschinen zischten und pfiffen und die Schächte gaben unzähligen Männern Arbeit und Brot. Unten im Schacht ist es heiß und trocken, das war die Ursache, weshalb die Kumpel ihre Kehlen anfeuchteten, was wiederum das preußische Bergamt bewog, in einer strengen Verordnung den Besuch von „Localen" am Zahltag zu verbieten.
Oben am Bahnhof erhebt sich weithin sichtbar der Turm des Petersenschachtes, er wurde nach dem Oberregierungsrat Petersen benannt, der sich in Sondershausen um den Bergbau verdient gemacht hatte. Dieser Turm ist eine technische Sehenswürdigkeit ersten Ranges. Wegen der Nähe zur Residenz verfügte der Fürst, daß man das Bauwerk nach ästhetischen Gesichtspunkten konstruieren sollte, und so wurde der Eiffelturm zu Paris als Vorbild genommen. 1910 montierte man den Förderturm. Dieser ist 44 Meter hoch und zieht noch heute mit seiner ungewöhnlichen symmetrischen Form die Blicke auf sich.
Übrigens steht dem Besucher der Bergmannsverein „Glück Auf" zu Sondershausen zur Seite, wenn es darum geht, Turm, Fördermaschine und Schachtanlagen fachmännisch erklärt zu bekommen.
Den Traditionen des Bergbaus verdankt die freundliche Pension auf dem einstigen Schachtgelände auch ihren Namen. 1993, nachdem der Förderbetrieb schon zwei Jahre ruhte und man daran ging, das Gelände umzugestalten, stand ein ehemaliges Bürogebäude zur Disposition. Michael Pietras und Peter Dielau sahen damit die Möglichkeit gegeben, eine attraktive Übernachtungsstätte zu schaffen. So ging man also ans Werk, plante und rechnete und schließlich wurden die Ärmel im buchstäblichen Sinne des Wortes hochgekrempelt.
Eine Pension mit freundlichen Zimmern und einem gepflegten Restaurant entstand aus dem einst tristen Bürohaus. Zunächst war daran gedacht, vor allem den vielen Geschäftsreisenden eine solide und freundliche Übernachtungsmöglichkeit zu bieten. Die Nähe der Hainleite und der Stadt und die unzähligen Möglichkeiten zu Ausflügen, die durch die direkte Anbindung an die B 4 gegeben sind, brachten aber mit sich, daß sich auch Touristen und Familien für das gastfreundliche Haus interessierten. Dem kamen die beiden Inhaber schnell nach. Ein Plan wurde erarbeitet, um den Gästen Ausflugs- und Wanderziele anzubieten. Reitausflüge und Kutschfahrten in die reizvolle Hainleite bis hin zum Helbetal werden vermittelt und selbstverständlich stehen Führungen zum Petersenschacht und den bergbautechnischen Sehenswürdigkeiten auch im Angebot.
Man sollte es nicht glauben, aber das Logo aus der Feder Wilhelm Buschs ist Realität, beim Umbau des Hauses wurde besonders auf Schallschutz geachtet und so ruht man in der Pension „Glück Auf" von des Tages Streß friedlich aus. Daß dies auch weiter so bleibt, dafür sorgen Michael Pietras und Peter Dielau mit ihrem freundlichen Team, und viele Gäste wissen seither diesen Platz zu schätzen.

Pension „Glück Auf"

Geschäftsführer: Michael Pietras, Peter Dielau
Schachtstr. 49, 99706 Sondershausen
Tel.: 03632 / 60 05 88, Fax: 03632 / 75 90 87

geöffnet: Mo.–Sa. ab 7.00 Uhr
So./Feiertage – nach Absprache

Gastraum 30 Pl.
Bierbar 7 Pl.

15 1- u. 2-Bettzimmer
(Du/WC/TV)

Parkplatz am Haus
Vermittlung zum Bergmannsverein „Glück Auf"

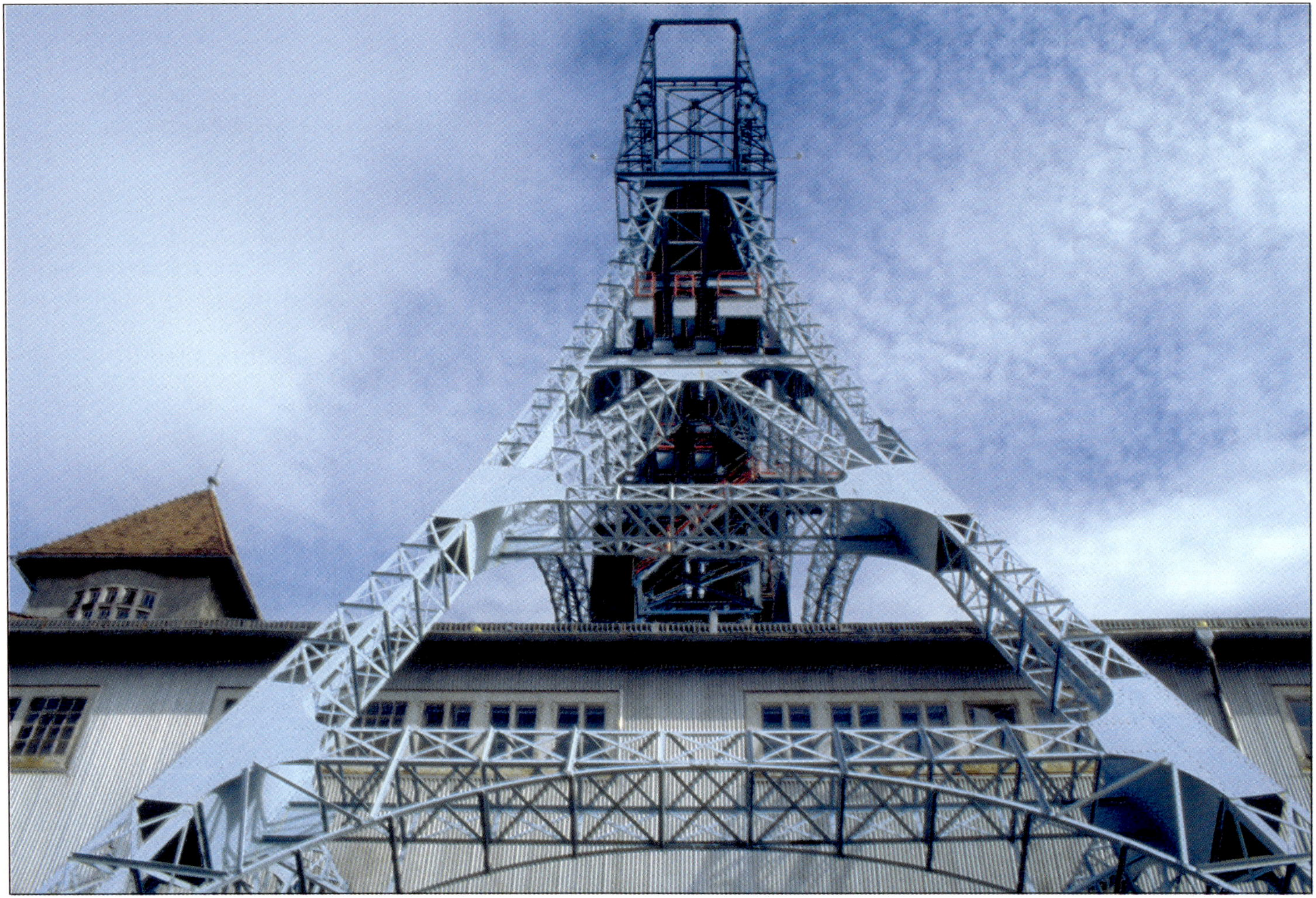

Modern und dennoch äußerst gemütlich und familiär: die Pension „Glück Auf".

Eines der Wahrzeichen von Sondershausen ist der 1910 erbaute Förderturm im Stile des Pariser Eiffelturms.

PENSION „ZUM FRAUENBERG"
Sondershausen-Jechaburg

Die Sage berichtet, daß sich im Inneren des Frauenberges ein großer klarer See befinden soll. Über diesem See spannt sich ein Himmelsgewölbe, von dem unzählige goldene Sterne herabfunkeln. Ein prächtiger weißer Schwan zieht seit Anbeginn der Welt seine Kreise auf dem Wasser und er erhält sein Leben vom Licht der Sterne. Im Schnabel trägt der Schwan einen goldenen Ring, den er erhielt, als die Welt erschaffen wurde. Nur wenn der Schwan diesen Ring fallen läßt, verliert die Welt ihr Gleichgewicht und ihr Ende ist gekommen. Die wunderschöne poetische Sage vom Schwan im Frauenberg könnte zurückgehen auf den Kult um die heidnische Göttin Jecha, die einst hier oben verehrt wurde. Erst um 731 – so berichtet die Legende – sei der streitbare Bischof Bonifatius hier auf den Berg gekommen und habe die uralte Kultstätte zerstört.

Etwa 2,5 Kilometer von Sondershausen entfernt erhebt sich das weithin sichtbare Plateau des Frauenberges, dessen Hänge zum Teil schroff nach drei Seiten zu ins Tal abfallen. Steil steigt die Straße empor und mit jedem Meter weitet sich der Ausblick auf Sondershausen und seine Umgebung. Schon in grauen Vorzeiten werden die Menschen die gute Lage dieses Plateaus erkannt haben, hier oben war man relativ sicher vor Feinden und anderen Gefahren, und so ist durchaus denkbar, daß der Berg schon früh besiedelt wurde. Darauf deuten auch die Geschichten um die Kultstätte der Jecha hin. Berichtet wird von einer Marienkapelle, die seit dem 12. Jahrhundert auf dem Frauenberg stand und die bis ins 16. Jahrhundert genutzt wurde, bis sie nach der Reformation verfiel.

Das kleine Dörfchen Jechaburg spielte im Mittelalter eine große politische Rolle. Der Erzbischof Willigis von Mainz gründete 989 ein Benediktinerkloster, das allerdings auf päpstliche Weisung bereits 1004 zu einem Augustinerchorherrenstift umgewandelt wurde. Dieses Chorherrenstift wurde in der Folge der Träger des Jechaburger Archidiakonats. Damit wurde aber auch der kleine Ort auf dem Frauenberg zum Sitz eines weitläufigen kirchlichen Verwaltungsbezirks erhoben.

Man sollte es kaum glauben, aber von hier oben aus wurden zum Beispiel 1506 im Thüringer Raum rund 1000 Kirchen, Kapellen und Klöster in etwa 400 Städten und Dörfern verwaltet, was bedeutete, daß von Jechaburg und dem Archidiakonat eine doch recht große Macht ausging, die – wie damals üblich – neben geistlicher Gewalt auch die Mitsprache in vielen weltlichen Dingen einschloß. So findet man auch in unzähligen Orten der näheren und weiteren Umgebung in den Chroniken immer wieder Hinweise und Mitteilungen auf das Wirken der Chorherren von Jechaburg.

Um 1210 wird es gewesen sein, da traf Albrecht von Halberstadt auf dem Berg ein. Albrecht war ein kluger belesener Mann, der sich vor allem mit der Dichtkunst befaßte. So wurde Jechaburg auch der Ort, wo erstmals die berühmten Metamorphosen des römischen Dichters Ovid ins Deutsche übersetzt wurden und das tat eben auch Albrecht von Halberstadt.

Während unten in Sondershausen ab 1211 die Marschälle von Sondershausen regierten, bis ab 1295 die Grafen von Hohnstein die Macht übernahmen, um sie 1325 an die Grafen von Schwarzburg weiterzugeben, schien hier oben auf dem Frauenberg die Macht der Kirche für alle Zeiten unverändert zu bleiben. 1571 wurde das Stift jedoch säkularisiert und binnen weniger Jahrzehnte verfielen die Gebäude, von denen einst die Macht ausging. Erst zu Beginn des 18. Jahrhunderts wurde ein neuer Kirchenbau errichtet, der am 1. 4. 1731 geweiht wurde und heute noch steht.

Gegenüber dem schlichten und dennoch durch seine klaren Formen eindrucksvollen Bau breitet eine uralte Linde ihre Zweige und in ihrem Schatten träumt man von Sagen und Legenden, die um Jechaburg blühen, darunter auch, weshalb wohl hier oben im 17. Jahrhundert ein Festungsbau errichtet wurde, von dessen Fünfeck noch Reste vorhanden sind. Die Linde schützt aber auch ein Haus, das mit seinen 200 Jahren mit zu den ältesten des Dorfes zählt. Einst diente es als Schule, hier lernten die kleinen Jechaburger Lesen und Schreiben und Rechnen. Dann wurde es Gemeindeamt, nach dem Krieg kurzzeitig erste Unterkunft für Umsiedler, bis der Konsum einen Laden einrichtete. All das ging natürlich an dem ehrwürdigen Haus nicht ganz spurlos vorüber. 1992 nahm sich Krimhild Hass des Gebäudes an und erweckte es zu neuem Leben. Die Zielstellung war, hier oben auf dem Berg eine Pension zu eröffnen, die dem Gast vor allem Ruhe in einer wunderschönen Umgebung gewähren sollte. Es wurde geplant, gerechnet, überlegt und schließlich angepackt. Die Substanz des historischen Hauses sollte erhalten bleiben, dennoch mußte vieles im Inneren erneuert und umgebaut werden. Ein Vorhaben, das oft die Kräfte bis zum letzten forderte.

Frau Hass besaß langjährige Erfahrungen auf dem Gebiet der Gastronomie und sie hatte klare Vorstellungen, was zu tun war. Am 1. 5. 1994 wurde die Pension "Zum Frauenberg" eröffnet. Es dauerte nicht lange und die Musiker und Dirigenten des berühmten Sondershäuser Loh-Orchesters entdeckten den gastlichen Platz und all seine Vorzüge wie Natur, Stille, gute Luft und vor allem herzliche Gastfreundschaft. So nimmt es nicht wunder, daß die Pension eine gewisse musische Prägung bekommen hat.

Niederländer, Russen, Polen und natürlich Deutsche aus allen Bundesländern pilgern hier hinauf auf den Frauenberg, um sich in der kleinen aber leistungsfähigen Pension verwöhnen zu lassen und mittlerweile haben auch viele Familien erkannt, wie gut es sich hier oben sein läßt. Man schläft hier, meinte ein Gast, so gut wie in Abrahams Schoß und statt des schrillen Weckers ertönt am Morgen der vielstimmige Gesang der Vögel. Daß Wandergruppen, die die Wege durch die Hainleite bis zum Helbetal nutzen, die Pension als Basisquartier einplanen, sei nur am Rande erwähnt. Bleibt nur die Quintessenz: Wer den Frauenberg einmal besucht hat, wird immer wieder zurückkommen.

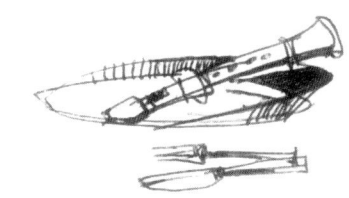

Pension „Zum Frauenberg"

Bes.: Krimhild Hass
Oberstr. 61, 99706 Sondershausen
Tel.: 03632 / 60 25 89 und 75 00 93

geöffnet tägl. ab 6.30 Uhr

Frühstücks-/Gesellschaftszimmer 25 Pl.

4 2-Bettzimmer (Aufbettung mögl.)
1 Ferienwohnung (4 Pers.)
Halbpension

sehr kinder- und hundefreundlich
Parkplatz/Garage am Haus

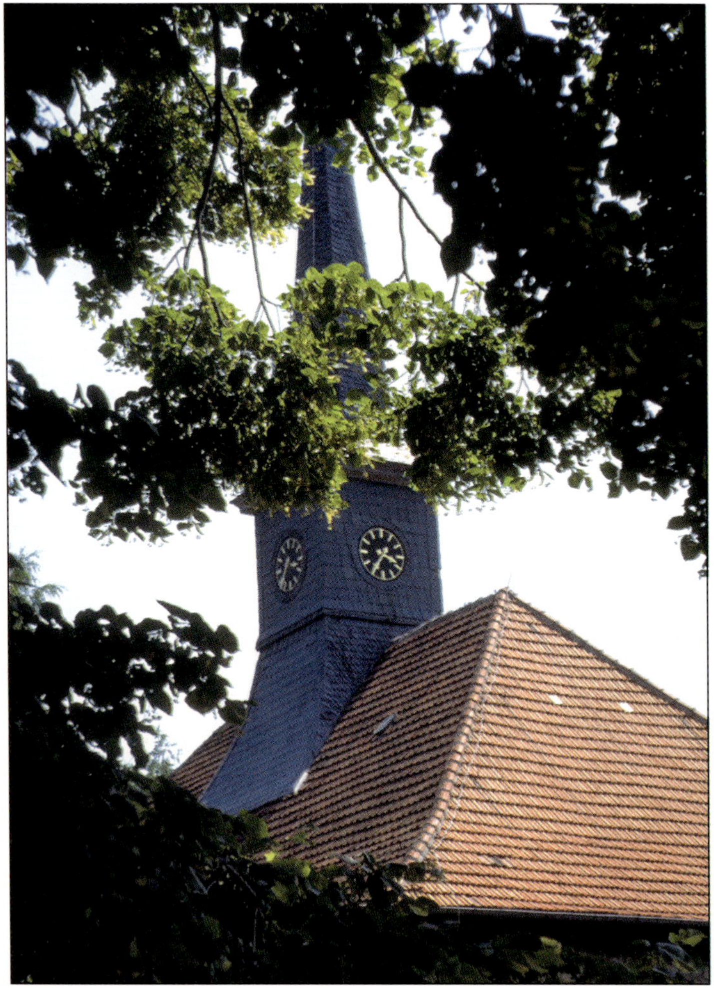

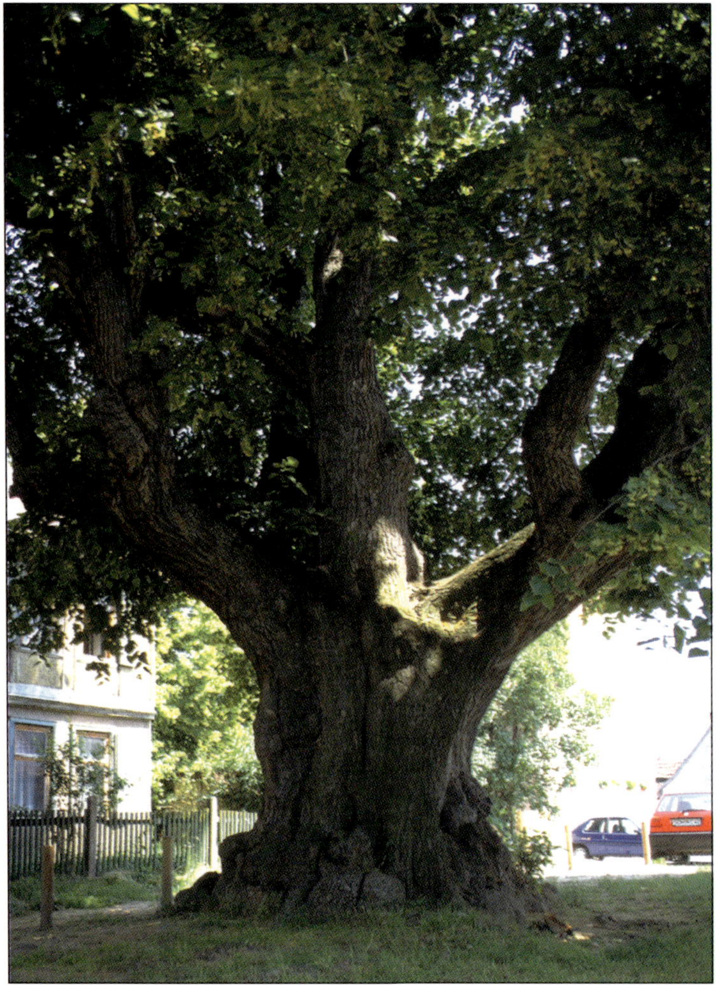

*Ruhige Lage,
herzliche Gastlichkeit,
das zeichnet die Pension
„Am Frauenberg" aus*

*Die uralte Linde und
die historische Kirche –
Wahrzeichen von Jechaburg*

HOTEL-RESTAURANT „WALDHAUS"
Straußberg

Die Straße von Sondershausen nach Bleicherode führt in sanften Wellen am Fuße des Nordhanges der Hainleite entlang. Hinter Kleinfurra entdeckt man einen Wegweiser: „Straußberg". Binnen weniger Minuten erreicht man die schattigen Laubwälder, Grund anzuhalten, um sich umzusehen. Das Wippertal erstreckt sich nun schon weit unten, und wendet man das Auge in die Höhe, fesselt der Steilhang der Feuerkuppe den Blick. Von dort oben muß es einen wunderbaren Rundblick geben ...

Weiter geht's, aber nur wenige hundert Meter. Willkommen in Afrika, hier mitten in der Hainleite! Sie glauben es nicht? Doch, denn hier befindet sich eine echte Attraktion für unzählige Besucher aus Nah und Fern: der Straußberger Affenwald. Ein geräumiger Parkplatz lädt zum Aussteigen ein, um sich die Sache näher zu besehen. Zuerst entdeckt man den Spezialzaun, der den Steilhang durch den Wald emporklettert, dann öffnet sich die Torschleuse, man tritt in das riesige Freigehege ein. Und da sind sie auch schon, die possierlichen Berberaffen, alte und junge, große und kleine. Ihre Heimat ist Marokko in Nordafrika. Aber hier im Thüringer Laubwald leben sie mit anderen einheimischen Tieren zusammen, als sei es nie anders gewesen. Man spürt nicht, daß sie fern ihrer natürlichen Heimat Bewohner des Grünen Herzen Deutschlands geworden sind. Sie begrüßen den Besucher zutraulich und begleiten ihn. Einer ihrer Lieblingsplätze ist das Geländer des Rundweges durch die Anlage. Es ist faszinierend zu beobachten, wie sie gewandt und flink in schwindelerregende Höhen klettern, die glatten Buchenstämme scheinen keine Schwierigkeit darzustellen, und wie sie dann in luftiger Höhe von Ast zu Ast springen ...! Ausgesprochene Publikumslieblinge sind die Affenkinder. Sie mustern den Besucher neugierig und spielen und tollen im Unterholz, wobei ein erwachsenes Tier stets ein wachsames Auge auf sie hat.

Frau Dietzel vom „Waldhaus", gelernte Tierpflegerin, betreut diese in Ostdeutschland einmalige Anlage. Sie kennt jeden der munteren Burschen mit Namen. Der besondere Liebling ist der Pumuckl, der Pfiffigsten einer, der ungeniert die Taschen der Besucher inspiziert und dann, wenn er einen Keks oder eine Banane erwischt hat, schleunigst das Weite sucht. Anders als im Zoo leben die Tiere hier in völlig freier Natur. Auf dem Rundweg erfährt man von Schautafeln viel Wissenswertes über diese possierliche Spezies.

Es war ein doch recht langwieriger Kampf mit allerlei Ämtern, ehe dieses Tierparadies seine Pforten öffnen konnte. Eine ähnliche Anlage im Elsaß war das Vorbild. Zunächst bezogen 6 Affen ihr neues Domizil. Dann gelang es, über einen holländischen Zoo weitere Tiere zu beschaffen. Es gab zunächst eine Phase der Angewöhnung zwischen den „Alteingesessenen" und den „Neuen", aber die ist längst Ver-

gangenheit. Die Affenherde im Straußberger Wald ist zum festen Bestandteil des Ausflugsprogramms unzähliger Familien geworden.
Aber der Affenwald ist nicht die einzige Attraktion, die das Tal zu bieten hat. Unmittelbar neben dem Affenwald befindet sich eine Sommerrodelbahn, die gleichfalls zum Ziel vieler Besucher geworden ist. Auch dieses tolle Freizeitvergnügen ist der Initiative der Familie Dietzel zu verdanken, denn wenn man sich einmal erzählen läßt, mit welchen Problemen man sich herumschlagen mußte, bis die Bahn eröffnet werden konnte, bewundert man die Energie, mit der die Dietzels dieses Vorhaben in die Tat umsetzten. Gemächlich wird man mit dem Rollschlitten von der Talstation hangaufwärts gezogen, dann klinkt das Zugseil aus und eine mehr oder minder sausende Fahrt führt durch unzählige Kurven zu Tal. Väter meistern mit ihren Sprößlingen die Fahrt, Muttis steuern eher behutsam, und jeder steigt mit stolzem Blick an der Talstation aus, als habe er zum Beispiel die Rallye Monte Carlo mitgemacht.
Gegenüber von Affenwald und Rodelbahn erhebt sich das „Waldhaus" und also bildet sich aus Vergnügen, zoologischer Wissensvermittlung und Gastronomie eine freundliche Dreieinigkeit. Von der Terrasse des „Waldhauses" überblickt man Rodelbahn und Affengehege und verbringt im Schatten schöner alter Bäume geruhsame Stunden.

Als 1907 der Kalischacht Immenrode geteuft wurde, schlug die Geburtsstunde des Hauses. Zuerst war es das „Steigerhaus", ein Domizil für höhere Beamte mit ihren Familien. Später wurde ein Restaurant mit Fuhrbetrieb eingerichtet. Fortan konnten unzählige Gäste die klare Waldluft um Straußberg genießen und von hier aus vergnügliche Fahrten durch die Hainleite unternehmen. Später entdeckte die Krankenkasse das Haus, es wurde Kurheim für Patienten, die an Bronchialerkrankungen litten. Die ostdeutsche Gewerkschaft funktionierte das Haus in der Folge zum Ferienheim um. Dann folgte die Deutsche Reichsbahn und nun erholten sich im Sommer im schönen stillen Tal Kinder von Eisenbahnern, die aus Großstädten kamen. Im Winter fanden Weiterbildungskurse statt. 1983 übernahm das Möbelwerk Erfurt das Waldhaus. Gästebücher aus jenen Tagen zeugen vom reichlich gespendeten Lob, denn hier weilten neben Feriengästen aus Ostdeutschland auch sehr viele Urlauber aus den osteuropäischen Ländern. Hervorgehoben wurde immer wieder die Kinder- und Familienfreundlichkeit des Waldhauses, diese Tradition wird auch heute erfolgreich fortgesetzt.
Nach der Wende im Jahre 1989/90 war das weitere Schicksal des Hauses völlig unklar. Seit 1985 führte das Ehepaar Dietzel das Haus mit Umsicht und Ideenreichtum. So wurde der Kampf mit der Treuhandanstalt aufgenommen, um das gastliche Haus zu erhalten. Mehrere Spekulanten, die mit dubiosen Methoden arbeiteten, wurden erfolgreich aus dem Feld geschlagen. Zunächst mußte das Haus gründlich saniert und renoviert werden. Restauranträume wie Gästezimmer wurden auf zeitgemäßen Standard gebracht.
Heute bietet das „Waldhaus" Erholung in sauberer Natur und einen ausgezeichneten Service. Eine herzhafte Thüringer Küche und die familiäre Atmosphäre tun das ihre, um dem Gast den Entschluß zum nächsten Besuch leicht zu machen. Mit einem Wort, das „Waldhaus" ist heute eine Perle Thüringer Gastlichkeit an der Hainleite.

Hotel-Restaurant „Waldhaus"
– vom ADAC empfohlenes Haus –

Bes.: Fam. Dietzel
Unterer Straußberg 6, 99713 Straußberg
Tel./Fax: 036334 / 5 32 14

geöffnet: Apr.–Okt. tägl. ab 11.00 Uhr
Nov. – März nach Absprache

Restaurant u. Kaminzimmer 70 Pl.
Veranda 20 Pl., Terrasse 70 Pl.

2 1-Bettzimmer
9 2-Bettzimmer
1 3-Bettzimmer

Parkplatz f. PKW u. Bus
Zubringerdienst zum Bahnhof
Sondershausen, Wolkramshausen,
Bleicherode/Ost, Nordhausen

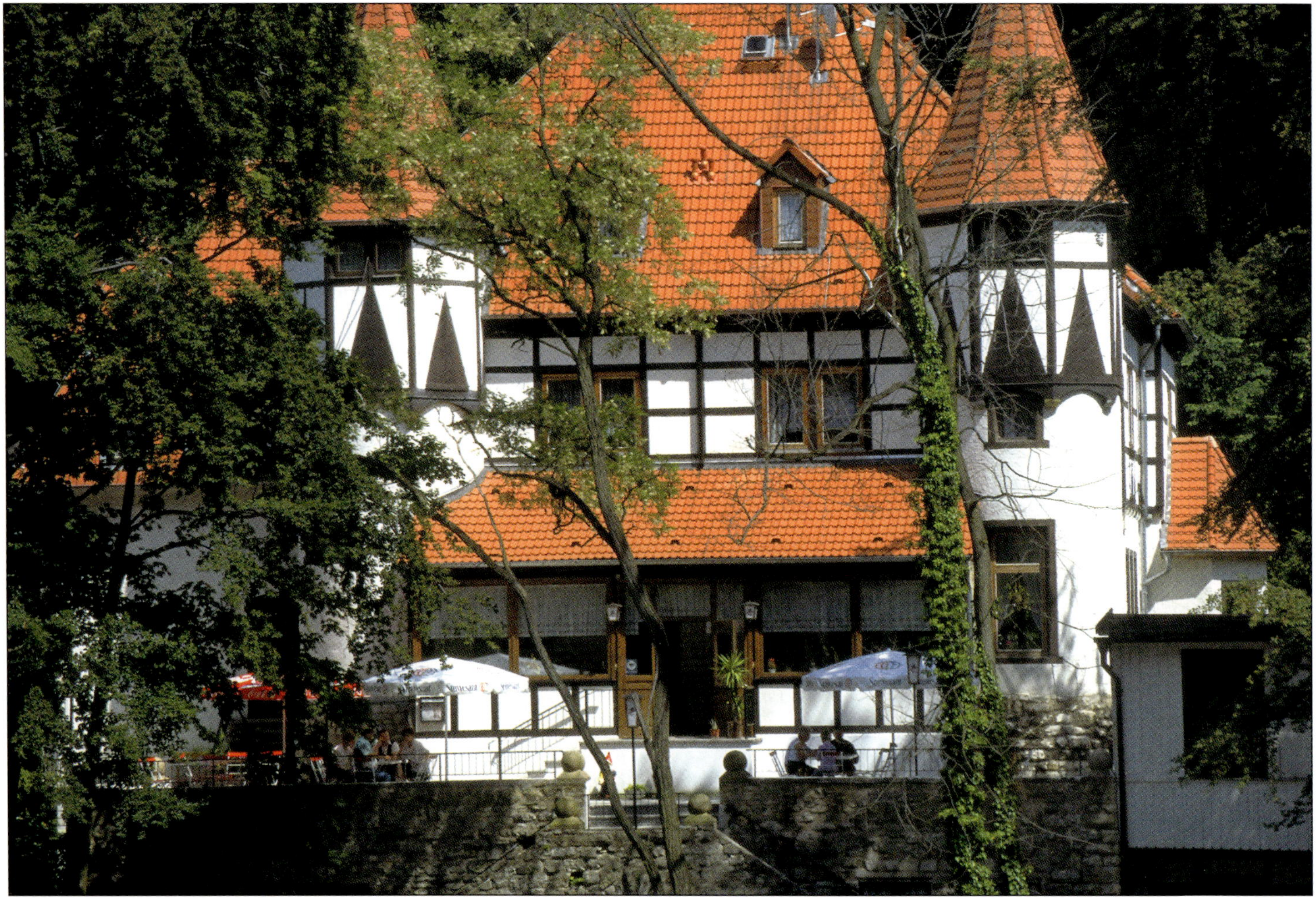

*Sommerrodelbahn und Affenwald
sind die besonderen Attraktionen
des idyllischen Waldhauses Straußberg*

FERIENPARK „FEUERKUPPE"
Straußberg

Zwischen Sondershausen und Nohra findet man, sofern man die Verbindungsstraße von der Kyffhäuserkreisstadt nach Bleicherode nutzt, auf der Höhe von Kleinfurra das Hinweisschild „Straußberg". Steil erheben sich die Nordabhänge der Hainleite hier, immerhin werden Höhen bis zu etwa 460 Metern ü.NN erreicht. Das Motto „Viel sehen ohne selbst gesehen zu werden" wird der Grundgedanke gewesen sein, als man begann, etwa um 1150 auf der Höhe eine Burg zu errichten.
Damals führte eine belebte Handelsstraße von Nordhausen her kommend über die Hainleite weiter ins Innere Thüringens. Vom Wippertal aus stieg die Straße in einer engen Schlucht steil nach oben. Grund genug, hier eine Schutzburg zu errichten, und so baute man Jahrhunderte an dem Komplex. Urkundlich wurde die Burg Straußberg allerdings erstmalig im Jahre 1267 erwähnt. Viele Rätsel haben die Historiker noch zu lösen, denn wer einst den Auftrag zum Bau gab und von wem die Schutzfunktionen ausgeübt wurden, dies alles liegt im Dunkel der Geschichte verborgen. Man spricht zwar von den Grafen von Kirchberg, aber auch das ist nicht schlüssig nachweisbar. Dennoch: Das eingangs zitierte Motto trifft auf diese Burg voll und ganz zu. Buchstäblich im letzten Moment entdeckt man für einen Augenblick auf der Höhe einen hohen Turm. Das wird auch im frühen Mittelalter so gewesen sein. Der Turmwächter dahingegen konnte schon lange vor Entdeckung der Burg jede Bewegung auf der Straße unten im Tal genau beobachten. Nach kurzer Fahrt auf einer kurvenreichen Straße hinauf auf die Höhe kommt man in die winzige Siedlung Straußberg, und nun ist der Turm mit seiner beachtlichen Höhe von 30 Metern unübersehbar. Hat man die 145 Stufen bis zur oberen Plattform erklommen, bietet sich ein weiter Blick über das Wippertal und bis ins Harzvorland.
Die ältesten Teile der Burg sind Turm, Burgküche und die beeindruckenden Kellergewölbe. Nach Norden zu war natürlicher Schutz durch den Steilhang gegeben, nach Süden wurde die Burg mit einem tiefen Halsgraben gesichert. Burg Straußberg kam später in den Besitz der Grafen von Schwarzburg-Rudolstadt, die das Bauwerk bis 1598 als Wohnburg nutzten. 1580 ließ der letzte Burgherr, Graf Wilhelm, wenige Jahre vor seinem Tode die Burgkapelle einbauen, sie wurde bis Anfang der 50er Jahre auch noch für sakrale Zwecke genutzt.
Nach der Aufgabe der Burg verfiel diese dennoch nicht. In Straußberg war nämlich ein sehr einträglicher Wirtschaftshof entstanden, der leistungsmäßig zu den bedeutenden Agrareinrichtungen jener Zeit zählte. Dieser Hof wurde später zur Domäne, und das brachte mit sich, daß die Burg genutzt wurde. So war der Rittersaal Kornspeicher, die Küche wurde Schmiede, und insgesamt wurde die Burg baulich erhalten.
Erst nach 1955 setzte ein rapider Verfall ein. 700 Jahre hatte die Burg unerschüttert auf ihrer Höhe gestanden, nun stürzten die Dächer

ein, die Fenster ließen Wind und Regen hindurch. Sollte das Denkmal sterben?

Seit 1985 machten sich engagierte Denkmalschützer und heimatverbundene Leute daran, den Verfall aufzuhalten und nach und nach die Burg wieder für Besichtigungen zugänglich zu machen. Heute werden regelmäßige Führungen durchgeführt, zu denen man sich in der Rezeption des benachbarten Ferienparkes anmelden kann.

Gegenüber der Burg in östlicher Richtung erhebt sich die Feuerkuppe, von der aus man einen unvergleichlich schönen Blick auf das Harzpanorama genießen kann. Das auffällige Merkmal der Feuerkuppe ist der von Buchenwäldern umwachsene Steilhang nach Westen zu. Die klimatisch gute Höhenlage, die ausgedehnten Laubwälder und last not least die Romantik des Platzes werden Anlaß gewesen sein, ab 1952 hier oben ein großes Kinderferienlager unter der Trägerschaft der damaligen Firma IFA-Motorenwerke Nordhausen einzurichten. Zunächst war es nur ein Zeltlager, in dem sich jährlich mehrere tausend Kinder bei Sport und Spiel erholten. Nach und nach wurde die Einrichtung verbessert, so kam 1961 ein großer Speisesaal mit für damalige Zeiten modernen Küchenräumen dazu, und 1984/85 wurden die Zelte durch große Bungalows ersetzt. Nach 1989 war das weitere Bestehen des Ferienlagers zunächst nicht gesichert. Rührige Leute, vor allem aus Sondershausen, taten sich zusammen und gründeten den gemeinnützigen Verein „Ferienpark Feuerkuppe e.V." mit der Zielstellung, die Einrichtung zu erhalten und auch in Zukunft Kindern und Jugendlichen die Möglichkeiten unbeschwerter Erholung in freier Natur zu bieten.

Von der IFA ging die Einrichtung zunächst an die Treuhand, die das Objekt dem Landkreis Sondershausen überschrieb. Der Verein als freier Träger der Jugendhilfe pachtete die Feuerkuppe. Wichtigste Aufgabe war, nicht in die „roten" Zahlen zu kommen, und dank kluger und geschickter Geschäftsführung trat dieser bedrohliche Zustand auch nicht ein.

Es war vieles zu tun, um den Platz attraktiv zu gestalten. Die zum Teil veraltete Einrichtung mußte modernisiert werden, die Bungalows und die Küchen- und Sanitäreinrichtungen bedurften der Sanierung und Renovierung. Ein immenser Berg Arbeit stand vor dem Verein und den Mitarbeitern, aber mit Zähigkeit und Systematik wurde Schritt für Schritt dem Ziel zugearbeitet, das da hieß, Kindern aus ganz Deutschland einen erholsamen Ferienplatz auf der wunderschönen Hainleite zu bieten.

Der Kyffhäuserlandkreis und der Landrat zu Sondershausen unterstützten die Arbeit nach Kräften. Heute ist der Ferienpark auf der Feuerkuppe Ziel vieler Gruppen von Kindern und Jugendlichen im schulpflichtigen Alter. Wandergruppen, Vereine, Schulklassen aber auch Familien mit Kindern sind zum Teil Stammgäste hier oben geworden; sie kommen mittlerweile aus ganz Deutschland. Die reizvolle Umgebung, die Organisation von Ausflügen in die weitere Nachbarschaft und die ausgezeichnete Vollverpflegung tun das Ihre, um den Aufenthalt im Ferienpark zu einem unvergeßlichen Erlebnis zu machen. Und natürlich sind neben vielen Freizeitmöglichkeiten auch die alte Burg Straußberg wie auch der bekannte „Affenwald" oder die Sommerrodelbahn am Fuße der Feuerkuppe beliebtes Ziel der Gäste.

Ein Platz also, wo man mit der Familie durchaus einen naturverbundenen Urlaub erleben kann, an den man jederzeit gern zurückdenken wird.

Ferienpark „Feuerkuppe" e.V.

Gemeinnütziger Verein
Zur Feuerkuppe 2, 99713 Straußberg/Thür.
Tel.: 036334 / 5 32 61, Fax: 036334 / 5 32 72

vom 1. April bis 30. September:
50 Bungalows von 10–20 Pers.
ganzjährig verfügbar:
100 Plätze in Zimmern u. Bungalows

Parkplatz, Waldbad, Vollverpflegung, Spielplätze, Fahrrad-, Sportgeräte-, Spielzeugverleih

geführte Tag- u. Nachtwanderungen

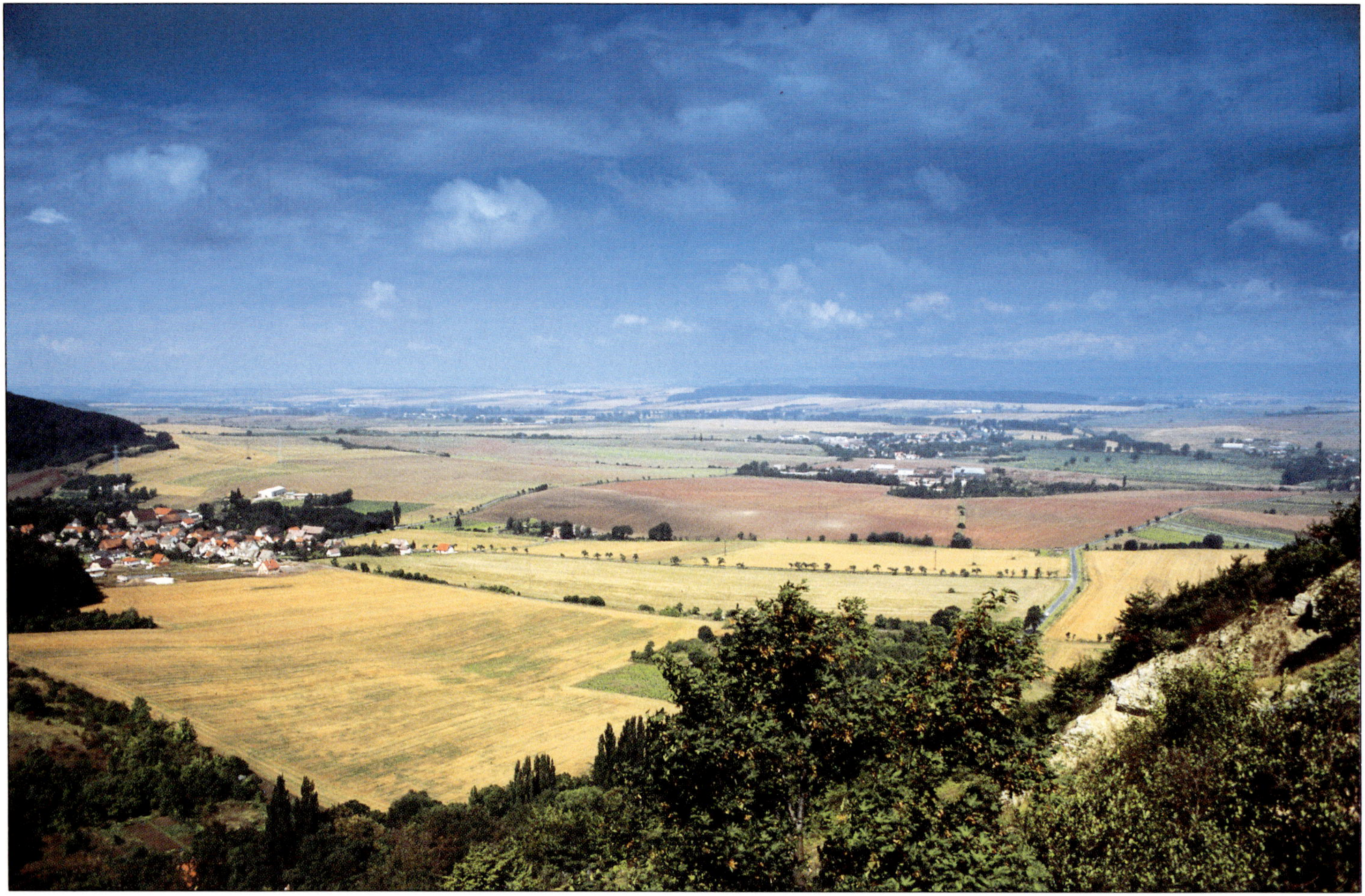

Eine Vielzahl interessanter Möglichkeiten für erlebnisreiche Ferien bietet der Ferienpark „Feuerkuppe".

Am Nordrand der Hainleite erhebt sich weithin sichtbar die Feuerkuppe, von der aus man einen wundervollen Blick über das nordthüringische Land genießen kann.

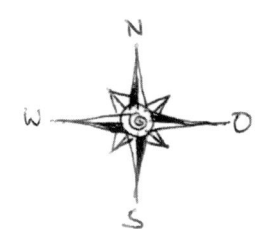

HOTEL-RESTAURANT „ZUR HOFFNUNG"
Werther

Die Hainleite ist von vielen Himmelsrichtungen her erreichbar. Gern nehmen die Touristen auch die Möglichkeit an, die sich kurz hinter Nordhausen in Richtung Worbis anbietet. Auf der Höhe biegt man nach links ab und fährt zunächst durch Werther, einen Ort mit langer Geschichte und vielen Geschichten, und also kann man dieses Dorf auch als eines der Tore zur Hainleite bezeichnen. Eigentlich sind es zwei Ortsteile, nämlich Kleinwerther und Großwerther, die die Gemeinde bilden. Die geradezu sprichwörtliche freundliche Spottlust, die in diesem Gebiet jeden Ort und seine Bewohner mit Spitznamen belegt, ist auch nicht spurlos an Werther vorübergegangen. So nennt man nun die Großwertherschen die „Tragekörbe", und das hat seinen Grund darin, daß zu früheren Zeiten die Leute aus dem Dorf über den Stadtberg nach Nordhausen zu Markte gingen und ihre Erzeugnisse wie Obst oder Gemüse eben in Tragekörben transportierten, im Gegensatz zu anderen Markthändlern, die sich einer Schubkarre oder eines Handwagens bedienten.

Etwas gehässiger ist der Spitzname für die Kleinwertherschen, sie heißen schlicht und einfach die „Hochseicher" – die Übersetzung mag sich der Leser selbst ausdenken – und dieser Name wurde eigentlich etwas vom Neid diktiert, denn die meisten Leute aus Kleinwerther arbeiteten in der Stadt. Daher hatten die jungen Burschen etwas mehr Geld als ihre Altersgefährten in anderen Dörfern und konnten damit bei den Mädchen mehr Eindruck schinden.

Als am 15. Juli 1093 Graf Heinrich ein Benediktinerkloster gründete, gab er als Zugabe unter anderem auch einen Hof zu Werther dazu und das ist auch die erste urkundliche Erwähnung des Dorfes. Der Ortsname wird dahingehend gedeutet, daß er aus dem Westgermanischen herrührt und soviel wie „Werder", also Insel, bedeutet und also wurde wahrscheinlich zunächst in einem weitläufigen Sumpf ein Gebiet trockengelegt und urbar gemacht. Im Laufe der Jahrhunderte änderte sich der Ortsname von Werthere über Wirtiri, Horwerter und Wenigenwerther zur heute gebräuchlichen Schreibweise.

Erst ab 1572 tritt das Geschlecht der Freiherrn von Werthern auf, da nämlich gelangte Philipp von Werthern in den Besitz der Herrschaft Werther. Werther ist ein typisches Nordthüringer Bauerndorf mit zum Teil wunderschönen Fachwerkhäusern. Sehenswert ist das heutige Gemeindeamt zu Großwerther, es war der Sitz des Geschlechts derer von Arnstedt, die von 1613 bis 1918 in Großwerther herrschten.

Die Pest ging im 17. Jahrhundert auch nicht an dem stillen Dorf vorüber und forderte zahlreiche Opfer. Dennoch blieb das Dorf im Gegensatz zu anderen doch relativ von vergangenen Kriegsereignissen verschont. 1806 hatten sich nach der Niederlage von Jena und Auerstedt Reste preußischer Truppen auch in das Gebiet von Werther zurückgezogen. Französische Einheiten verfolgten sie und verjagten sie auch aus Werther, was natürlich nicht ganz ohne kriegerischen Lärm und Begleiterscheinungen wie Plünderungen abging. Überhaupt haben die Kriege der letzten 120 Jahre viele Opfer von den Wertherschen gefordert, sei es 1870/71 oder 1914/18 oder gar 1939/45, die Leute aus dem Dorf zahlten einen hohen Blutzoll für diese Unternehmen, die Deutschland kaum Ehre eintrugen.

Unbedingt sollte man in die Besichtigung des Dorfes auch die beiden Kirchen einbeziehen, von denen Sankt Nicolai zu Großwerther die Ältere ist. Vermutlich zur Zeit der Christianisierung Nordthüringens wurde hier schon der Grundstein für einen Sakralbau gelegt. Um 1527 wurde dahingegen die Kirche Sankt Philippi zu Kleinwerther geweiht, und seither ist sie das geistliche Zentrum der Gemeinde.

Zurück zum Ortseingang oben an der B 80. Unübersehbar erhebt sich hier das Hotel-Restaurant „Zur Hoffnung", das mit zu den bekanntesten Häusern zwischen Harz und Hainleite zählt.

1898 war es, da eröffnete Heinrich Hentze in einem damals noch schlichten einstöckigen Fachwerkhaus ein Wirtshaus und wie es sich damals so gehörte, war natürlich eine Fleischerei angeschlossen. Der zunehmende Verkehr auf der Hauptstraße zwischen der alten Reichsstadt Nordhausen und dem Eichsfeld war die Ursache, weshalb Heinrich Hentze beschloß, den Reisenden Speis und Trank anzubieten. Es dauerte auch nicht lange und die „Hoffnung" oder – wie man kurzerhand weit und breit sagte: Hentze – erfreute sich großer Beliebtheit, und das lag mit Sicherheit vor allem an der herzhaften Küche und den gepflegten Getränken. Bald kam noch ein Saal dazu, nun konnte in der „Hoffnung" auch gefeiert und getanzt werden. 1934 erfolgte ein Umbau des Hauses, das mittlerweile aus allen Nähten platzte. Vor allem die Nachfrage nach Fremdenzimmern war kräftig gestiegen, was die Hentzes veranlaßte, solche Räume im Umbau mit einzuplanen und somit dem Gast nicht nur Speis und Trank sondern auch ein bequemes Bett zur Verfügung zu stellen.

Da der Autoverkehr sprunghaft zunahm, wurde neben der „Hoffnung" auch gleich noch eine Tankstelle eingerichtet, die immerhin bis nach dem Krieg in Betrieb war. 1976 erfolgte ein weiterer Umbau des Gasthauses. Anstelle des Saales wurde nun die Küche vergrößert und auch die Gaststube erfuhr eine Erweiterung. Ungebrochen stark war der Zulauf der Gäste, und nun waren es in den Vormittagsstunden Fernfahrer, tagsüber Dienst- und Vergnügungsreisende und am Abend kam man zu Familien- oder Betriebsfeiern gern zu Hentzes. Nunmehr ist das traditionsreiche Haus schon in der 4. Generation im Familienbesitz und so kam es, daß Vater Werner Hentze nach 1989 die Idee hatte, das Haus nochmals zu erweitern. 1992 erfolgte also ein dritter Umbau, nun wurde aufgestockt und bis auf den Dachboden hinauf weitere Fremdenzimmer eingerichtet, die keinesfalls in ihrem Ausstattungsstandard den bekannten Häusern im weitesten Umfeld nachstehen. Bemerkenswert ist, daß dieser Neubau so gestaltet wurde, daß er sich harmonisch in das historische Umfeld einfügt und kein Stilbruch, wie er andernorts begangen wurde, entstand. Die Lage des Hauses an der Kreuzung der B 80 und der B 243 eröffnet vielfältige Möglichkeiten, die Hainleite, den Kyffhäuser aber auch den Harz schnell zu erreichen. Und daß die anerkannt gute Küche weiterhin mit Spezialitäten, wie dem Thüringer Sauerbraten mit Knödeln, zum Verweilen verlockt, ist der Arbeit und dem Fleiß und der Gastfreundschaft der Familie Hentze zuzuschreiben.

Hotel-Restaurant „Zur Hoffnung"

Bes.: Fam. Hentze
An der B 80, 99735 Werther
Tel.: 03631 / 60 12 16, Fax: 03631 / 60 08 26

geöffnet: Mo.– Fr. ab 6.30 Uhr
          Sa.–So. ab 11.30 Uhr

Restaurant 70 Pl., Vereinszimmer 50 Pl.
Kutscherstube 30 Pl., Parkplatz-Imbiß 16 Pl.

31 1-Bettzimmer (Aufb. mögl.)
15 2-Bettzimmer
1   3-Bettzimmer
2   Suiten (2–4 Pers.)
2   Behindertenzimmer (Rollstuhlger.)
alle Zimmer Du/WC/TV/Radio/Tel.

Parkplatz u. Garagen am Haus

143

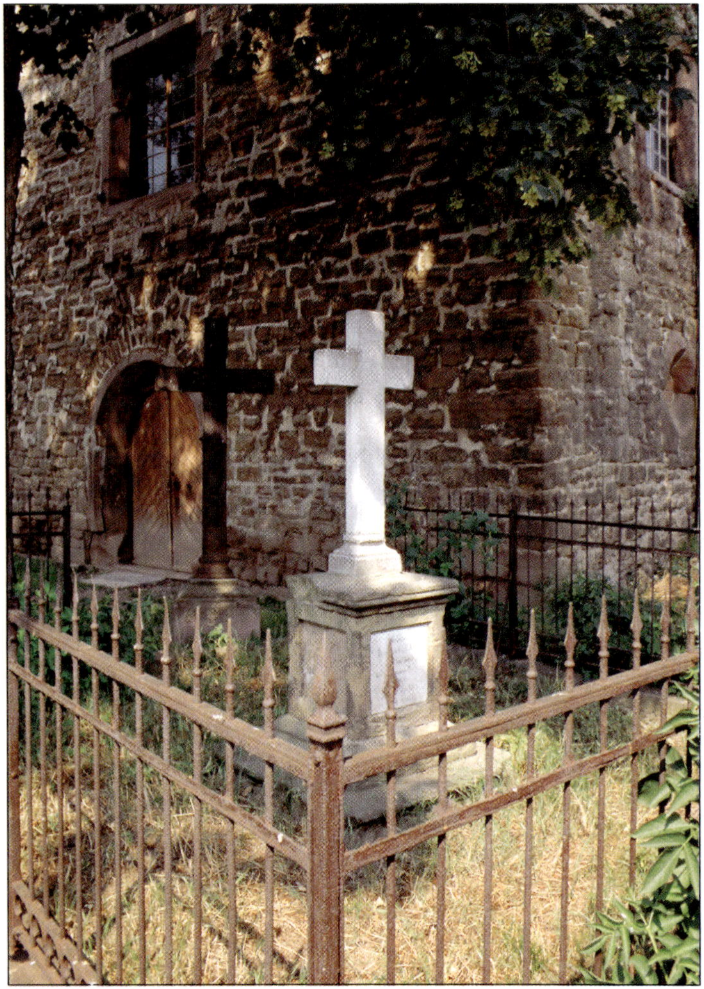

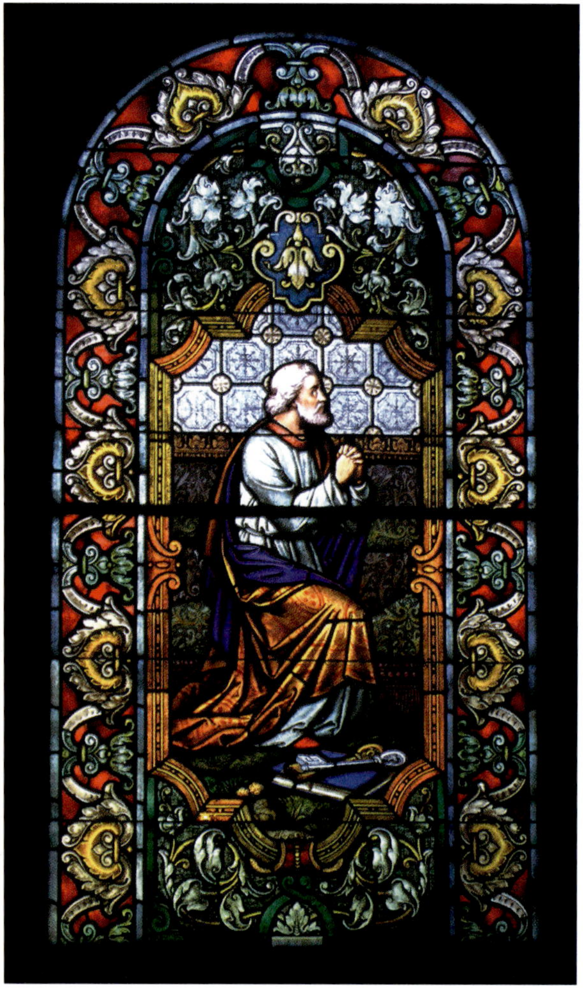

Ein Haus mit langer bewährter Tradition, die „Hoffnung" in Werther

Sehenswert sind die Werther'schen Kirchen und ihre Ausstattung

GASTHAUS „ZUM HELBEKRUG"
Wiedermuth

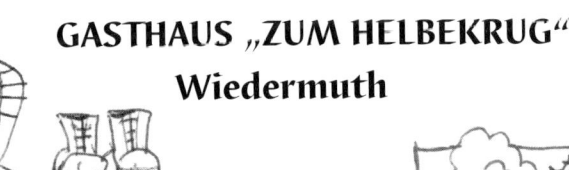

Das Helbetal im Westen der Hainleite ist ein bezauberndes Stück unberührte Natur, das immer wieder Wanderfreunde anregt, Auen und Wälder zu durchstreifen. Zum Glück hat der allgemeine Massentourismus bisher dieses stille Tal verschont, bleibt zu hoffen, daß es seine ruhige Schönheit noch recht lange behält. Zu jeder Jahreszeit findet man hier in gesunder Natur Erholung und Entspannung, weitab vom sonstigen lauten und geschäftigen Touristentreiben. Hier begleiten den Wanderer Hase und Fuchs, Reh und Specht und der Eichelhäher wacht als Waldpolizist über jeden Ruhestörer. Das Dorf Wiedermuth ist für Wanderungen durch das Tal der ideale Ausgangspunkt.

Der seltsame Ortsname deutet auf eine Sage hin und die geht so: Einst waren zwei Wanderer im Helbetal unterwegs und sie verirrten sich in den dunklen Wäldern. Schon wollten sie entmutigt aufgeben, als sie einen Brunnen mit frischem klaren Wasser entdeckten. So konnten sie sich stärken und sie faßten wieder Mut, ihre Wanderung fortzusetzen. Aber weil ihnen dieser Platz so gut gefallen hatte, kehrten sie mit ihren Familien zurück und gründeten das Dorf Wiedermuth.

Trockener liest sich dagegen die wissenschaftliche Erklärung, die besagt, daß der Ortsname aus dem altdeutschen „Widamut" enstanden sei, was soviel wie Klostergut bedeutet. In der Tat bestätigte der Erzbischof von Mainz im Jahre 1128 dem Probst zu Jechaburg den Erwerb mehrerer Güter, und darunter befand sich auch „Widermute". Im Laufe der Geschichte wurde das Dorf dem Amt Keula zugesprochen, dennoch waren die Leute von Wiedermuth bis Mitte des vorigen Jahrhunderts der Abtei Jechaburg zur Lieferung von 12 Scheffeln Roggen jährlich verpflichtet.

Das Wahrzeichen von Wiedermuth ist die schmucke Kirche mitten im Dorf, sie wurde allerdings erst vor etwa 100 Jahren erbaut und 1893 geweiht. Die Vorgeschichte der Wiedermuther Kirche ist aber interessant: Schon vor vielen hundert Jahren gab es im Dorf eine Kapelle, Sankt Petri genannt. Mönche aus Jechaburg kamen hin und wieder, um eine Messe zu lesen, ansonsten mußten sich die Bauern in die Nachbarschaft aufmachen, um am Gottesdienst teilzunehmen. Um 1620 stellten die Wiedermuther fest, daß ihnen die Kapelle zu eng geworden war, sie bauten deshalb kurzerhand ein Stückchen an. Die Chronik weiß von Renovierungen aus den Jahren 1693 und 1776 zu berichten. Lange Zeit mußten die Wiedermuther ihre Choräle acapella singen, bis 1754 der damalige Pfarrer Kieser den Bau einer Orgel durchsetzte, nachdem er sich mit dem Schulzen über die Kosten von 80 Talern gestritten hatte und den Kampf gewann. Die Kirche besaß drei Glocken, der Glockenturm aber stand auf einer kleinen Anhöhe gegenüber der Kirche separat für sich.

Die Reformation erreichte auch das abgelegene Wiedermuth und auch der Bauernkrieg hinterließ seine Spuren. So wird in einer Aufzählung der Anführer der rebellischen Bauernhaufen ein Hans Gutlich von Widdermut genannt. 1635, der 30jährige Krieg tobte schon 17 Jahre in Deutschland, suchte die Pest das Dorf heim und raffte viele Bewohner des Dorfes einschließlich des Pfarrers mit seiner Familie hin. Damals wurde zur Erinnerung die Pestlinde gepflanzt, die als Wahrzeichen des Dorfes heute noch an das schreckliche Jahr erinnert.

Die Wiedermuther hatten so ihre Not mit den Verkündern des Wortes Gottes. Durch die Wirren des Krieges lag die Landwirtschaft am Boden, das Dorf war sehr arm, und so kam es, daß es keinen der geistlichen Herren hier sehr lange hielt. Erst nach langen Personalquerelen gelang es 1653, einen Pfarrer für längere Zeit zu gewinnen. Die Wiedermuther haben zudem den zweifelhaften Ruhm, in ihrem Dorf eine der letzten Teufelsaustreibungen Thüringens geduldet zu haben. Eine alte Frau war von einer unbekannten Krankheit befallen und die Pfarrer Eberhardt und Emmerling machten sich daran, die alte Dame vermittels dubioser Rituale vom Gottseibeiuns zu befreien. Zum Glück stellten die Ärzte Wächter und Conradi fest, daß die Frau an einer seltenen Krankheit litt und befreiten sie damit von den unerfreulichen Zeremonien der beiden Geistlichen.

Heute hat der Pfarrer ein wesentlich besseres Verhältnis zu seinen Gemeindemitgliedern, und er scheut sich auch nicht, einmal bei einem Bier im „Helbekrug" die Sorgen und Beschwerden anzuhören und freundlichen Rat und Trost zu spenden. Der schmucke Gasthof, gegenüber der Kirche gelegen, ist ein ausgezeichneter Ausgangs- und Zielpunkt für Wanderungen durch Wiedermuth und in's Helbetal.

Das wunderschöne thüringische Fachwerkhaus lädt geradezu zum Eintreten ein. Kirche und Schenke waren von jeher Zentren des dörflichen Lebens und so kann auch das Gasthaus „Helbekrug" auf eine lange Tradition zurückblicken. Die neuere Geschichte setzt mit dem Wirt Karl Köthe ein, da war das Haus Gemeindegasthaus und niemand vermag mit Sicherheit zu sagen, wie oft große und kleine Politik am Stammtisch gemacht wurde, wieviele Skatrunden hier tagten, wieviele Kindstaufen, Hochzeiten und Leichenschmäuse hier begangen wurden, von den mitunter feuchten Versammlungen von Vereinen und der Dorffeuerwehr einmal ganz abgesehen. In der Peterkirche sorgte man für das geistige Wohl, im Gasthaus für das leibliche. Also war die Welt in Wiedermuth in bester Ordnung!

1993 übernahm Susann Klein mit ihrem Lebenspartner das doch etwas ramponierte Gasthaus. Die jungen Leute stellten sich als Ziel, dem sonst so sauberen Dörfchen wieder zu einem ansehnlichen Gasthaus zu verhelfen. Vieles war zu rekonstruieren, zu sanieren. Vor allem die Fassade sollte wieder mit ihrem ursprünglichen Aussehen das Bild des Dorfes mit prägen. Diese Verjüngungskur bekam dem ehrwürdigen Haus sehr gut. Als im November 1994 der „Helbekrug" wieder eröffnet wurde, zog er nicht nur die Dorfbewohner sondern auch die Vorüberreisenden an, und daran hat mit Sicherheit die Thüringer Hausmannskost, die grundsätzlich frisch zubereitet wird, wie auch die urgemütliche Gaststube ihren Anteil. Mancher Gast wird sich das Haus für weitere Besuche vorgemerkt haben, denn im Helbekrug kann man genau das tun, was einst die erschöpften Wanderer auch taten: Man faßt wieder Mut und kehrt gern an diesen gastfreundlichen Ort zurück.

Gasthaus „Zum Helbekrug"

Inhaberin: Susann Klein
Hauptstr. 10, 99713 Wiedermuth
Tel.: 036020 / 7 27 07

geöffnet: Mi.–Mo. ab 11.30 Uhr
Di. Ruhetag

Gaststube 30 Pl.
Vereinszimmer 30 Pl.
Saal 150 Pl.
Biergarten 30 Pl.

Parkmöglichkeit
Übernachtungsvermittlung

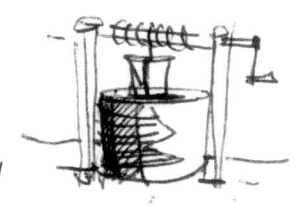

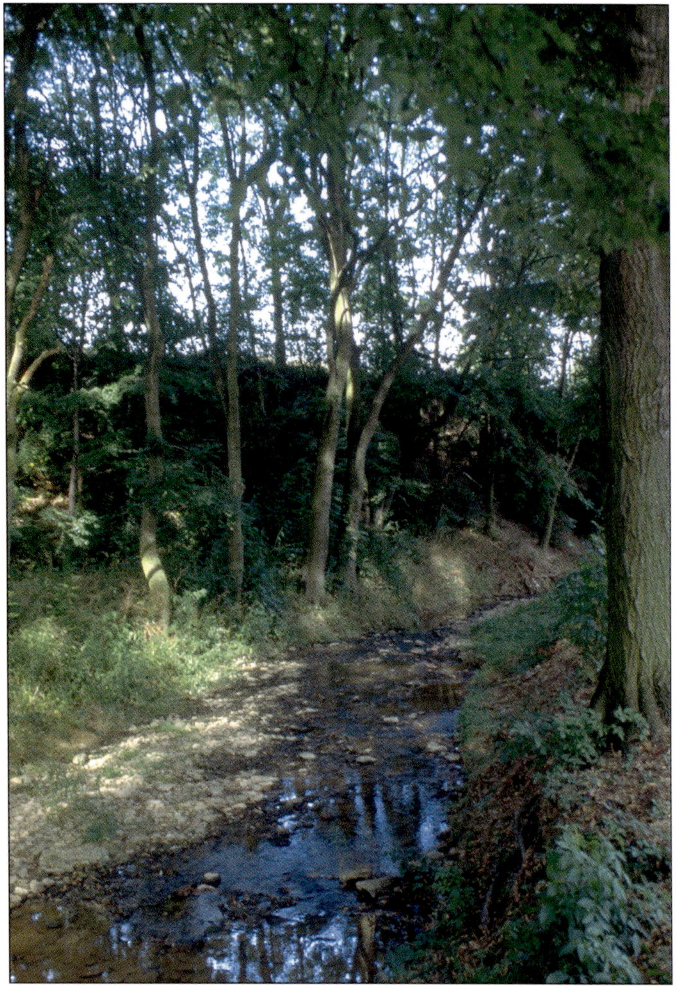

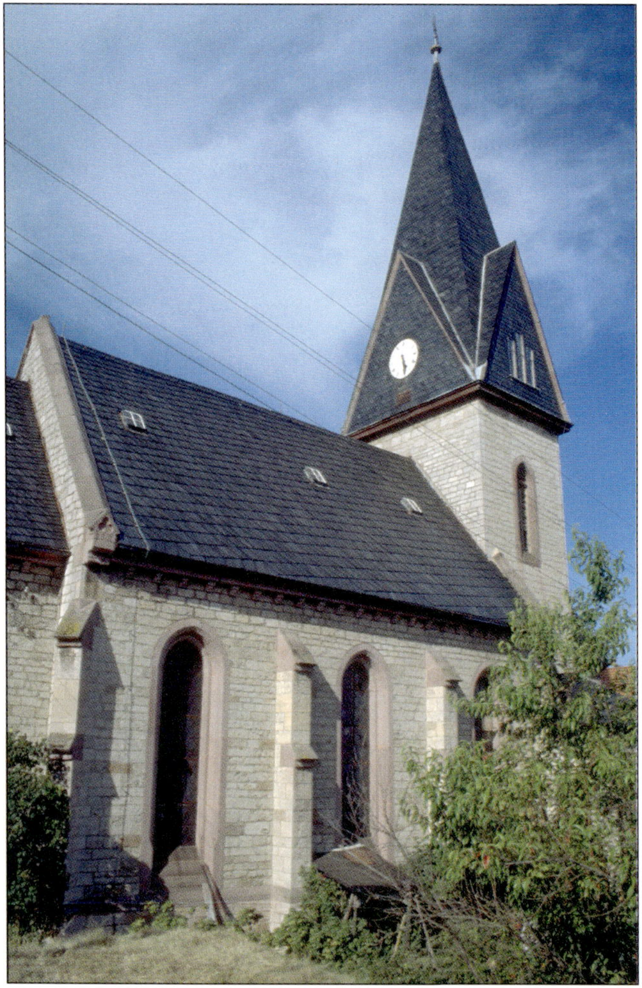

*Der „Helbekrug" bietet
dem müden Wanderer
Rast und Ruh'
und Speis und Trank
auf echt thüringisch*

*Das Helbetal und Wiedermuth –
Plätze für den Natur-
und Geschichtsliebhaber*

EICHFELDS LAND- UND SPORTHOTEL „VITAL"
Wiehe-Garnbach

Im Jahre 786 machten sich die Mönche des Klosters Hersfeld daran, ihre Besitzungen aufzulisten. Und so erwähnt das „Brevarium St. Lulli", eben dieses Güterverzeichnis, auch den damals noch winzigen Ort Wiehe. Zu Füßen der Hohen Schrecke gelegen, bestand die Siedlung aber schon wesentlich länger. Bereits in der Jungsteinzeit entdeckten die Menschen diesen Platz an der Unstrut, die waldreichen Berge, die saftigen Flußauen, Grund genug also, um sich hier niederzulassen.

Viele Jahrhunderte später, um 531 nach der Zeitenwende, gehörten die „Ur"-Wieher zum Thüringer Königreich und als dieses zerschlagen wurde, gerieten sie unter fränkische Herrschaft. Im Jahre 933 erwarb Heinrich I. durch Tausch die Herrschaft Wiehe, sein Sohn Otto verschenkte den Ort an das Kloster Memleben und Heinrich II. holte sich Wiehe wieder zurück. Daran wird der günstige Standort des Dorfes Anteil gehabt haben. Inzwischen war dort nämlich eine feste Burg erbaut worden, die zur Reichsburg avancierte. Noch heute erkennt man die ausgezeichnete Position der Burg von Wiehe wie auch des gegenüberliegenden Wendelsteins und daß mit ihnen die Passage durch das Unstruttal hervorragend beherrscht werden konnte. Die Kontrolle der Verkehrswege aber auch deren Schutz machten solche Orte wie Wiehe zu einem begehrten Tausch- und Kaufobjekt, und so zeigten sich die Welfen, die Kevernburger und die Herren von Orlamünde am Besitz des Ortes interessiert. 1320 erhielt Wiehe teilweises Stadtrecht. Aber sie hatten nicht viel Freude daran, denn schon 1342–46 erlebten sie schlimme Brandschatzungen während des Thüringer Grafenkrieges. Und das setzte sich fort bis ins ausgehende Mittelalter. Liest man die Chronik des Städtchens, kommt man zu dem Schluß, daß es stets ein Zankapfel der Grafen und Fürsten war.

Die Geschichte dieses für Thüringen typischen Kleinstädtchens ist durchaus einen längeren Besuch wert. Dabei bieten sich die Forsten der Hohen Schrecke für Streifzüge durch Natur und Geschichte ebenso an wie die Unstrutauen bis hin zum uralten Wendelstein. Geruhsam steigt man auf die südlich Wiehes liegenden Höhen. Schon die wunderschönen Laubwälder bieten soviel Erholung, wie man sie selten an einem Platz findet. Überall bieten sich bezaubernde Aussichtspunkte. Unten im Tal ducken sich die Häuser um die Kirche, hier oben ist gut nachsinnen ...

Da schallt Wehklagen und Geschrei herauf, man schreibt das Jahr 1349. Aufgeputschte Bürger holen die jüdischen Händler aus ihren Häusern, erschlagen sie, weil man glaubt, die Juden hätten eine Seuche herangehext. Dann wird es wieder still im Tal. Plötzlich rumpeln Trommeln, gellen Pfeifen, nun schreibt man 1525. Bauern und Häusler ziehen zum Kloster Memleben, um es zu erstürmen. Danach werden sie nach Frankenhausen ziehen, um zum Bauernheer Müntzers zu stoßen. Mehrfach verdunkelt schwarzer Rauch den Himmel. So stecken 1637 schwedische Soldaten den Ort an allen vier Ecken an, das ist der 30jährige Krieg. Aber auch fröhliche Musik schallt herauf zum einsamen Wanderer, Lachen und Lieder erklingen. Das sind die berühmten Viehmärkte von Wiehe, die es seit 1733 gibt. Da wird gehandelt, was das Zeug hält, gegessen, getrunken und getanzt und auch ab und zu gerauft. Dann wieder Krieg – 1757 sind es die Franzosen, die die Stadt plündern. 1806 hasten flüchtende Preußen nach dem Debakel von Jena und Auerstädt durch die Straßen. 1813 reiten die Lützower, die sich auf ihrem Streifzug von Stendal ins Vogtland befinden, durch Wiehe und werden als Befreier von Napoleon gefeiert.

Mittlerweile ist die Unstrut schiffbar geworden. Seit 1790 verkehren Lastschiffe, und so wird Wiehe sogar zeitweise Hafenstadt im weitesten Sinne des Wortes. Und als 1795 Leopold von Ranke hier geboren wird, muß er als Baby soviel von dieser geschichtsträchtigen Luft eingeatmet haben, daß er später zu einem der berühmtesten deutschen Historiker wurde. Seine „Weltgeschichte" machte ihn bei Gelehrten in aller Welt als ernsthaften und gründlichen Wissenschaftler bekannt.

Warum also diesem freundlichen Städtchen und der Hohen Schrecke nicht einmal ein paar Tage widmen? Nur einen Kilometer von Wiehe entfernt findet der Gast das stille saubere Dorf Garnbach. Das ehrwürdige Gasthaus an der Hauptstraße ist nicht zu übersehen, und es ist ein traditionsreiches Familienunternehmen, das da den hungrigen, durstigen und müden Gast erwartet, bereit ihn zu stärken und zu verwöhnen.

135 Jahre Familienbesitz zeugen von Bodenständigkeit und gastronomischem Können. Der heutige Chef des Hauses war in vergangenen Jahren ein Begriff im deutschen Sport, er war Nationaltrainer der einstigen DDR und eben seinem Training sind immerhin 25 National- und Weltmeistertitel zuzuschreiben. Sportler sind willensstarke und erfindungsreiche Leute, und so beschloß Siegfried Eichfeld, als es mit dem Sport nach 1989 zunächst vorbei war, sein Elternhaus in Garnbach zurückzuholen. Das war nämlich zeitweise als Schulungsheim unter staatlicher Regie zweckentfremdet worden. Die Zielstellung war klar: Wiehe, der Unstrutregion und damit Thüringen ein gastliches Haus zu öffnen, das sowohl dem eiligen Besucher wie auch vor allem dem Feriengast einen gepflegten und komfortablen Aufenthalt in familienfreundlicher Atmosphäre garantiert.

Und so bleibt die Überraschung nicht aus, wenn man das Tor des historischen Gasthauses durchschritten hat und sich dahinter, terrassenförmig ansteigend, eine weitläufige Anlage anbietet. Eigentlich ist hier fast jeder Wunsch erfüllbar. Neben mehreren Gasträumen, in denen die hervorragende Thüringer Küche serviert wird, bieten sich Kegelbahn, Schwimmbad, Liegewiesen, Tischtennis- und Volleyballanlagen an. Es werden Reitmöglichkeiten und sogar Rundflüge über die zauberhafte Waldlandschaft angeboten. Mit einem Wort: Der Sportspezialist Eichfeld hat hier ein Urlaubszentrum geschaffen, das guten Herzens jedem Touristen empfohlen werden kann. Und wer von hier aus das Unstruttal abwärts erkunden will, der wird sich in Nebra Eichfelds Schloßhotel zum Zielpunkt für eine Rast erwählen. Es gibt also keinen Grund, sich nicht einmal bei Familie Eichfeld in Wiehe-Garnbach anzumelden und sich so recht nach Herzenslust verwöhnen zu lassen.

Eichfelds Land- und Sporthotel „Vital"

Bes.: Familie Eichfeld
Dorfstr. 15, 06571 Garnbach
Tel. u. Fax: 034672 / 6 56 45

täglich geöffnet

Restaurant, Café, Weinstube, Bauernstube, Saustall, Biergarten, Kegelbahn mit Restaurant, Fitneßcenter, Sauna

55 Betten in Hauptgebäude, Ferienhäusern, Gästehaus

Parkplatz

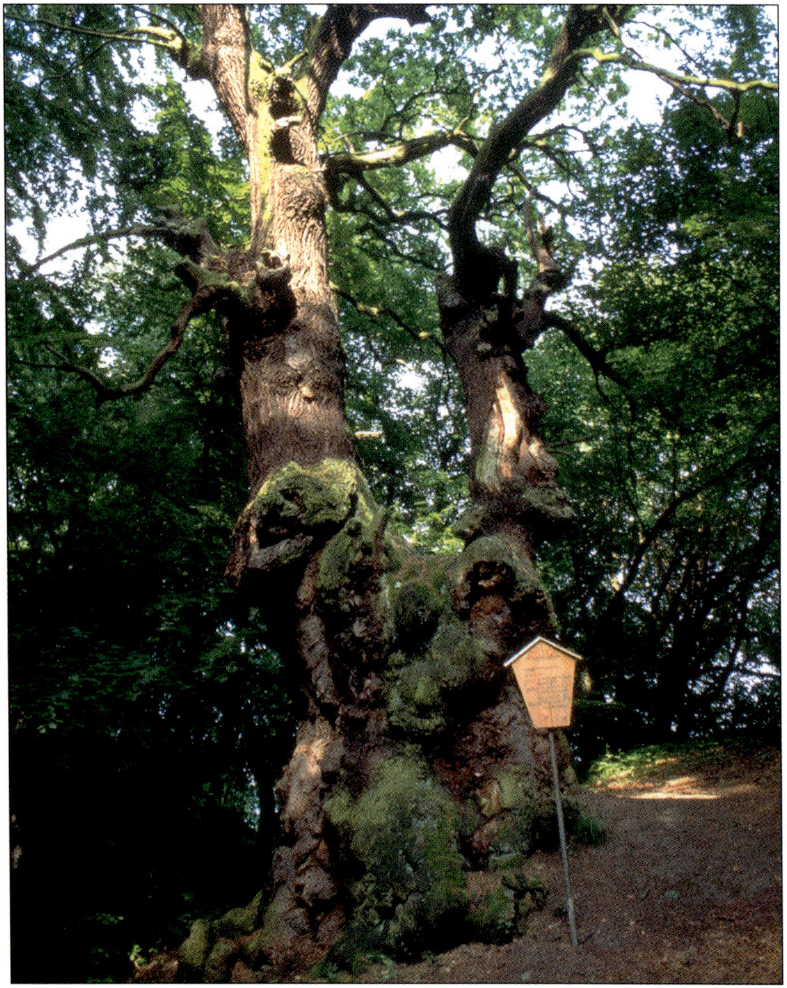

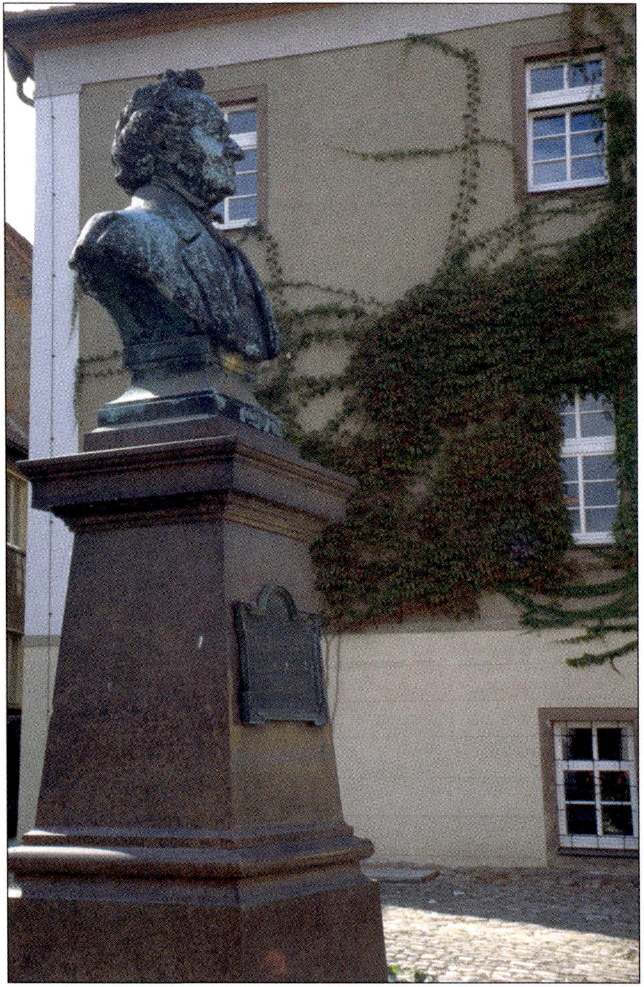

Eichfelds Hotels und Gaststätten sind ein Begriff für erlebnisreichen und erholsamen Ferienaufenthalt.

Wiehe ehrt seinen großen Sohn Leopold von Ranke. Die Umgebung bietet ungeahnte Naturschönheiten.

HAUS „HUE DE GRAIS"
Wolkramshausen

Im Staatsarchiv Marburg findet sich eine Urkunde aus dem Jahre 834, in der es heißt: Wiring aus dem Nabelgau stiftet dem Kloster Fulda einen Bifang (ein Roderecht) im WOLFGRIMESHUSEN, so im Altgau gelegen ...

Zu der Zeit, als diese Urkunde ausgefertigt wurde, bestand Wolkramshausen mit Sicherheit aber schon wesentlich länger. Es wurde etwa zur Zeit der Karolinger gegründet. Auf den fränkischen Ursprung verweist die Endung -hausen. Vermutlich wurde hier eine kleine Befestigung zur Sperrung der Wipper erbaut, die sich zwischen den Wippersümpfen östlich des jetzigen Ortes und der Hainleite befand. Aber die Geschichte geht noch weiter zurück. Bereits in der Jungsteinzeit war die Gegend besiedelt, was durch Funde in den Jahren 1930–32 belegt wurde. Später wurden auf den Höhenzügen der Hainleite, die nach Norden zu mitunter sehr steil abfallen, Fluchtburgen angelegt, in die sich die Talbewohner in unruhigen Zeiten zurückzogen.

Nach und nach festigt sich das Bild, das die Geschichte von Wolkramshausen verdeutlicht. Unter König Heinrich I. war die Siedlung bereits zum Königsgut aufgestiegen. Im 13. Jahrhundert hatten dann die Grafen von Hohnstein das Sagen. Eine Reihe von Urkunden aus jener fernen Zeit belegt, daß die mächtigen Hohnsteiner sich sehr wohl des Wertes von Wolkramshausen bewußt waren. Dabei spielte auch der frühmittelalterliche Verkehr eine Rolle. Der Fahrweg nach Mühlhausen führte zu dieser Zeit über den steilen Hang der Wöbelsburg und so waren Vorspanndienste von Wolkramshausen zu leisten, immerhin mußten je Fuhre bis zu 8 Pferde eingesetzt werden. Diese ständigen zusätzlichen Belastungen veranlaßten den Abt von Walkenried, 1231 beim Grafen von Beichlingen die Befreiung von diesen Diensten zu erbitten, und der Graf ließ sich erweichen, nachdem er 12,5 Pfund Nordhäuser Silber und 22 Marktscheffel Getreide kassiert hatte.

Zu Beginn des 14. Jahrhunderts trat erstmalig ein Geschlecht „de Wolcrameshusen" auf, das nun die Geschicke des Dorfes lenkte. Ein bedeutendes Dokument der Geschichte des Ortes ist die „Dorff-Einnung zu Wolkramshausen Anno 1569", in der von den Grafen zu Schwarzburg-Sondershausen die Beziehungen zwischen Geistlichkeit und Gemeinde ausführlich beschrieben und geregelt wurde.

Man muß einmal einen Rundgang durch den freundlichen Ort unternehmen, um allenthalben auf Spuren der langen und interessanten Geschichte zu treffen. Sowohl die eindrucksvolle Kirche wie auch die fast festungsartigen Überreste des einstigen Rittergutes deuten auf den hohen Stellenwert hin, den Wolkramshausen lange Zeit bei den jeweiligen Herren besaß. Vermutlich hat es zur Zeit der ersten urkundlichen Erwähnung schon ein Gotteshaus gegeben. Sicher ist auf jeden Fall, daß der Turm der heutigen Kirche mehr als 700 Jahre alt ist, das beweisen die Glocken, von denen eine auf 1295 datiert wird und die in ihrer Form einzigartig in Thüringen ist. Es handelt sich dabei um die „Zuckerhutform", die der Vorläufer der heute bekannten Glockenform war. Auch die andere Glocke aus dem Jahre 1315 verweist auf das Alter des Turmes. 1648 wurde die Kirche durch Soldaten Pappenheims bis auf den Turm zerstört, aber die Wolkramshäuser bauten sich ein neues Gotteshaus, das 1678 als Trinitadiskirche geweiht wurde. 1985 bis 90 mußte die Kirche grundlegend saniert werden, sie war baufällig geworden, aber nun verfügt die Gemeinde über ein Zentrum, das vielseitig genutzt wird zur Freude aller Einwohner und ihrer Gäste.

Übrigens – der weitbekannte Ritter Kahlbutz im Brandenburgischen hat in Wolkramshausen gleich zwei Gegenstücke in Gestalt von zwei weiblichen Mumien. Eine ist nicht zu identifizieren, die andere hingegen ist Maria von Wurmb, 1755 verstorben und mit Friedrich Schiller bekannt gewesen.

Ein Haus in Wolkramshausen zieht jährlich immer wieder interessierte Besucher an. Das ist das „Hue de Grais", das eine lange und bemerkenswerte Geschichte hat. 1680 erwarb J. H. v. Hacke das Grundstück mit einem Haus. Nach v. Hackes Tod erwarb der kursächsische Obristleutnant von Wilcke das Anwesen, ließ das alte Haus abreißen und errichtete 1722 bis 27 das noch heute sichtbare Gebäude. Sein Sohn, Leopold v. Wilcke, veranlaßte 1754 bis 56 einen umfassenden Umbau, wobei die Ausstattung und die Parkgestaltung Dominanz besaßen. Noch heute kann man an eisernen Kaminen das Allianzwappen Wilcke-Wurmb sehen.

Leopold übergab das stattliche Haus seiner Schwester, die mit dem französischen Adligen Achill Comte de Grais verbunden war. Der Graf war der Gesandte Frankreichs am Hof zu Kassel und kam über Wilckes Schwester und deren Besitz nach Wolkramshausen. Der Sohn Achills, Albrecht Achilles Wilhelm, verheiratete sich mit Louise von Byla aus dem benachbarten Wernrode. Während er sich ausschließlich mit der Landwirtschaft beschäftigte, stieg einer seiner drei Söhne zu beachtlichen Stellungen auf.

Robert Graf Hue de Grais nämlich studierte nach dem Besuch der Klosterschule Ilfeld in Bonn, Halle und Berlin Staats- und Rechtswissenschaften. Graf Robert erwies sich als ein brillanter Denker. Folgerichtig hatte er eine Karriere vor sich, die vom Regierungsassessor über den Kreishauptmann bis zur Stellung des Polizeipräsidenten in Stettin führte. Bismarck holte ihn nach Berlin, wo der Graf maßgeblich unter der Federführung des Kanzlers an der Reichsverfassung mitarbeitete. Schließlich avancierte er zum Vortragenden Rat im Innenministerium Preußens und war zuletzt in Potsdam Regierungspräsident.

Ihm zu Ehren befindet sich im Haus „Hue de Grais" zu Wolkramshausen seit 1995 das erste Deutsche Rechtsmuseum, das seit seiner Eröffnung viele Besucher wie ein Magnet anzieht.

Wolkramshausen ist also durchaus eine Reise wert, zumal wenn man sicher sein kann, daß man in der Gemeindegaststätte „Zur Erholung" mit einer ausgezeichneten Thüringer Küche verwöhnt wird, und das jeden Tag, bis auf Donnerstag, da ist Ruhetag. Mit ihren insgesamt 50 Gaststubenplätzen und weiteren 15 Terrassenplätzen ist die „Erholung" der rechte Platz, um sich nach einem Rundgang durch das Dorf und einem Besuch des „Hue de Grais" zu stärken.

„Hue de Grais"
Museum für Rechtsgeschichte
Hauptstr. 29, 99735 Wolkramshausen
Tel.: 036334 / 5 05 42, Fax: 5 05 43

geöffnet: Mai–Okt. Mi.–Fr.   9.00–16.00 Uhr
Sa.–So. 11.00–17.00 Uhr
Nov.–Apr. Mi.–Fr. 10.00–15.00 Uhr
Sa.–So. 11.00–15.00 Uhr
montags und dienstags geschlossen

Gaststätte „Erholung"
Inh.: Genio Zukrigl/Silvana Kern
Hauptstr. 33, 99735 Wolkramshausen

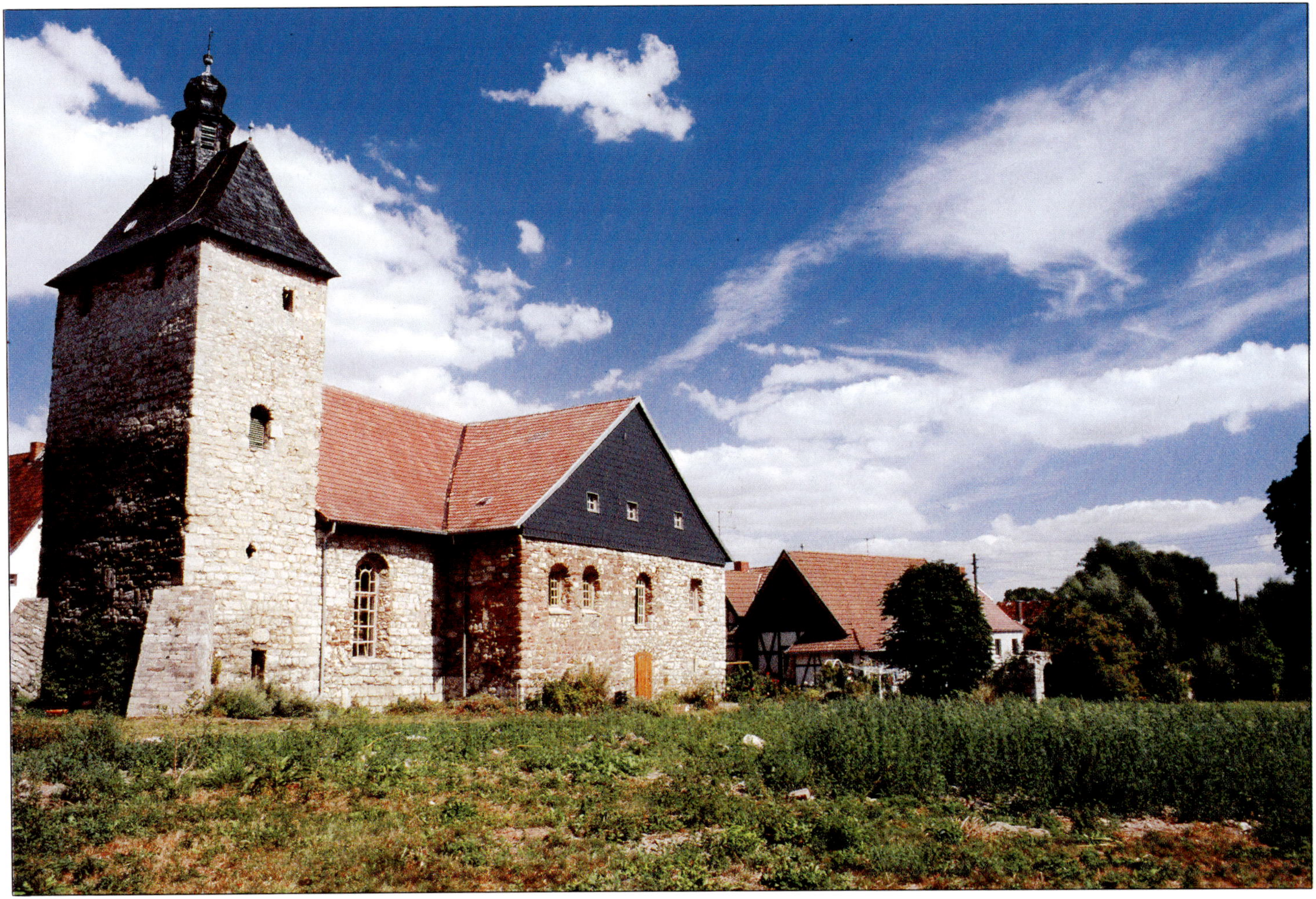

Wolkramshausen ist eine Fundgrube für den Freund historischer Architektur und deutscher Rechtsgeschichte

INHALT

Vorwort	S. 4
Hotel-Restaurant „Weinberg" Artern	S. 6
„Ratskeller" Artern	S. 10
Barbarossa-Brauerei Artern	S. 14
Hotel „Residence Frankenburg" Bad Frankenhausen	S. 18
Hotel-Restaurant „Grabenmühle" Bad Frankenhausen	S. 22
Hotel „Reichental" Bad Frankenhausen	S. 26
Restaurant „Schloß-Café" Bad Frankenhausen	S. 30
„Zum Landgasthaus" Badra	S. 34
Schloßhotel-Akademie Beichlingen	S. 38
Gasthaus & Pension „Rustikal" Berka/Wipper	S. 42
Hotel „Confidenz" Bleicherode	S. 46
Hotel „Berliner Hof" Bleicherode	S. 50
Restaurant „Zum Landhaus" Ebeleben	S. 54
Gaststätte „Schäferhof" Esperstedt	S. 58
Gaststätte „Zum Lindwurm" Großfurra	S. 62
Café-Restaurant „Waldeseck" Großlohra	S. 66
Erholungszentrum Teichtal Hainrode	S. 70
Hotel-Restaurant „Zur Erholung" An der Wasserburg Heldrungen	S. 74
Hotel-Restaurant Heinicke Kelbra	S. 78
Hotel „Barbarossa" Kelbra	S. 82
Erholungsgebiet Talsperre Kelbra	S. 86
Landsitz „Thomas Müntzer" Kyffhäuser	S. 90
Waldgaststätte „Sennhütte" Kyffhäuser	S. 94

Landgasthof „Zum Ring" Ringleben	S. 98	Hotel-Restaurant „Zur Hoffnung" Werther	S. 142
Hotel-Restaurant „Unstruttal" Roßleben	S. 102	Gasthaus „Zum Helbekrug" Wiedermuth	S. 146
Restaurant-Café „Barbarossahöhle" Rottleben	S. 106	Eichfelds Land- und Sporthotel „Vital" Wiehe-Garnbach	S. 150
Jagdgaststätte „Waidmannsheil" Seega	S. 110	Haus „Hue de Grais" Wolkramshausen	S. 154
Restaurant „Ratskeller" Sondershausen	S. 114		
Restaurant „Am Possenturm" Sondershausen	S. 118		
Reiterhof und Pension Nucke Sondershausen	S. 122		
Pension „Glück Auf" Sondershausen	S. 126		
Pension „Zum Frauenberg" Sondershausen-Jechaburg	S. 130		
Hotel-Restaurant „Waldhaus" Straußberg	S. 134		
Ferienpark „Feuerkuppe" Straußberg	S. 138		

Impressum:

© 1995 by VHT VERLAGSHAUS THÜRINGEN
Wilhelm-Wolff-Str. 4, 99099 Erfurt
1. Auflage

Layout:
Verlag und Werbeagentur Kleine Arche
Fotos: Marcel Krummrich
Illustrationen: Gabi Bruckmann

Herstellung:
DRUCK- UND VERLAGSHAUS ERFURT · seit 1848 · GmbH

ISBN: 3-930960-08-7

DM 24.80

Autor und Verlag bedanken sich bei folgenden Persönlichkeiten und Einrichtungen für die Mithilfe bei der Quellenerschließung

Museum Bad Frankenhausen
Museum Burg Heldrungen
Schloßmuseum Sondershausen
Arbeitskreis Denkmalpflege Burg Lohra
Förderverein Schloß Beichlingen
Verwaltung Kyffhäuserdenkmal
Bauernkriegsgedenkstätte Bad Frankenhausen
Stadt- und Kreisbibliothek Sondershausen
Pfarramt Esperstedt
Pfarrer Kindler, Wiedermuth
Pfarrer Zierer, Großlohra
Stadtverwaltung Bleicherode
Gemeindeverwaltung Hainrode
Gemeindeamt Wiehe
Gemeindeamt Rottleben
Gemeindeamt Seega
Gemeindeamt Wiedermuth
Gemeindeamt Werther
Gemeindeamt Roßleben
Gemeindeamt Wolkramshausen
Gemeindeamt Sollstedt
Herr Rößler, Kelbra
Herr Klemm-Lorenz, Ringleben
Herr Blümel, Straußberg
Herr Lange, Badra
Herr Dr. Ohl, Sondershausen

Herr Dr. Springer, Sondershausen
Herr Dr. Weinrich, Beichlingen
Herr Koch, Berka
Herr Steinhardt, Großfurra
Herr Willer, Bleicherode
Herr Plath, Bad Frankenhausen
Herr Wiedemann, Ebeleben